我们生活在同一个地球
We all live on the same planet
外交官带你看世界

波兰旅游指南

POLAND

白鹰美人鱼之国

外交官带你看世界

波兰

何承伟
丛书总策划
刘彦顺 著

上海故事会文化传媒有限公司
上 海 锦 绣 文 章 出 版 社

名誉顾问
王　殊　外交部外交笔会会长、外交部前副部长
吉佩定　中国前外交官联谊会会长、外交部前副部长

总策划
何承伟　上海文艺出版集团总编辑

主　编
张　兵　外交部外交笔会副会长

外事顾问
刘一斌　外交部外交笔会副会长
汤铭新　中国前外交官联谊会副会长
马恩汉　中国前外交官联谊会副会长
刘振堂　中国前外交官联谊会副会长

英语顾问
施燕华　外交部外语专家、中国翻译协会常务副会长

文稿审定
外交部外交笔会图书审核小组：
黄桂芳　尹承德　陈久长　朱祥忠　潘正秀　陆苗耕

编辑与营销
冯　杰　李　欣　夏青根　李　平　谢奕青　冯维恩
杨　婷　汪冬梅　赵卓琳　高淑芳　程　俊

流程管理
韩　洁　王玉楠

设计总监
周艳梅

装帧设计
王　伟　孙　娌　费红莲　杨超琼

广告与宣传
吴珏伟

特约审读
王瑞祥

部分图片提供
刘彦顺　Ray Zhang

Apartm
ŻYWIEC
BAR

跟着外交官到地球别处去看看

一年前,我在上海遇到一对老人,他们俩一退休,就去欧洲旅游了85天。

出于好奇,我问他们:“难道你们在中国都游遍了?”

他们说:“没有。我们是先游远的,后游近的。”

我又问:“你们俩不懂英语,没有出过国,又不靠旅行社,是什么力量支撑你们去周游世界的呢?”

老人意味深长地说:“人都怕死,但更怕没有目标。年轻时有年轻时的目标,今天有今天的目标。”

“那你们今天的目标是什么?”

“今天,我们就盼望着到地球的别处去看看。”

听了这对老人的话,我才感悟到:“富起来的中国人,盼望着到地球的别处去看看。”——这就是世界旅游业普遍感到“寒气逼人”时,中国出境游市场仍处于上升通道,保持两位数增幅的原因。

这对我一个出版工作者来说,不仅是个服务的机会,更是一个发展事业的机会。

所幸的是,在一个偶然的机会,我遇到了一大批前外交官。他们不仅熟悉如今中国人的需求,同时也了解曾经工作过的国家的情况。他们在岗位上时,是中国人民与所在国人民的友谊使者,今天,他们是否可以把自己多年的

积累和感受，浓缩在一本10万字不到的图书之中，通过这本书，架起一座国与国之间的友好桥梁？

于是，一套富有创意的系列图书诞生了：《我们生活在同一个地球——外交官带你看世界》。在这套图书出版的过程中，我们还得到了有关国家的驻华大使馆、旅游机构人员的大力支持，他们不仅提供精美的图片，有的还制作了反映该国旅游资源的光盘，力争使《我们生活在同一个地球——外交官带你看世界》成为立体展示该国家旅游资源的全媒体图书。

我和我的同事们力争这套大书，能在2010年5月，上海世博会期间陆续出版。届时，至少有7000万中国和世界的朋友相聚在浦江两岸。这套书就不仅在中国人出境旅游时起到作用，即使在世博会期间，也能在参观者与参展国之间架起一座座桥梁。

《我们生活在同一个地球——外交官带你看世界》第一批约40种，今后力争做到凡是中国人出境游所涉及的国家都能出版一本。同时，为了使我们的成果具有持续性，我们每年都会对这套书进行修订，提供最新的文化信息和实用信息，使中国的读者，慢慢产生一种概念：要出境旅游，就找《我们生活在同一个地球——外交官带你看世界》，届时，这套书就将成为中国图书市场上的一个响当当的品牌产品。

2010年5月

上海文艺出版集团 总编辑 何承伟

上海文艺出版集团策划的《外交官带你看世界》丛书，去年出版了40本，其中没有波兰。外交笔会的朋友们一再建议和鼓励我补上这一空白。我仍然有些犹豫，但又感到似乎有一种社会责任，鞭策我不好意思继续推却。原因很简单，因为从1954年开始，我在波兰前后度过了20多个春秋，同这个古老而又年轻的国家结下了不解之缘。为了增进两国人民之间的了解和交往，也为了回应多年来许多朋友的厚爱和期望，我怎能以年逾古稀为由而袖手旁观呢！更何况我内心深处既喜欢波兰自然风光的美丽，更喜欢波兰人民的坚韧和豪放。

白鹰是波兰的国徽，美人鱼是首都华沙的市徽，我之所以称波兰是“白鹰美人鱼之国”，其缘由不止于此，还因为上世纪50年代我初到波兰时，获得的永难忘却的印象。

我的一位波兰同学向我讲述他记忆中的儿歌。这首儿歌的大意是，母亲问孩子：你是谁？孩子回答说：“我是波兰的小儿郎！我是一只白色的雄鹰！”——从这位同学的眼神中，我看到了这铿锵有力的波兰文的音韵，早已融入了他的血液，化为他青春年华的自信和自豪。他得意洋洋地向我强调：“白色雄鹰是波兰人的标志。在这片土地上，波兰人是自己的主人，波兰人要像雄鹰一样自由飞翔。”

许多波兰同学帮我学习波兰历史，他们专讲官方历史书中轻描淡写或避而不谈的“野史”中的趣闻逸事。从他们的讲述中，我不仅听到了波兰人代代相传的口述历史，更感受到了波兰人的自尊、自强和强烈的爱国主义精神。正像他们所说的那样，华沙美人鱼手中的盾与剑，浓缩了波兰人的民族性格：“敢于用

盾牌来自卫,敢于用利剑来反击。”

为什么说波兰人民是不可征服和不可屈辱的人民?我认为,从白鹰和美人鱼的形象和精神中,可以找到准确的发人深思的答案。

波兰人说,“从盖翁特高峰,到波罗的海岸边,我们波兰之美啊,是完整的一体,从点到面!”的确,此言不虚,整个波兰山川秀丽,自然景观和人文景观融为一体,夺人耳目。

在波兰南部塔特拉山区,盖翁特峰被尊为“群山之王”。登临峰顶,极目长天,山在云中,人在画中,风光无限。波兰北部的瓦尔米亚-马祖里地区,素有“千湖之省”的美名,那里岸草青翠,古树生风,碧波荡漾,渔舟唱晚,为什么美食家常常流连忘返?只因为湖中的鱼又肥又鲜。如果你来到波罗的海岸边,那节奏欢快的海浪,似乎在诉说一个中古的故事,欧洲著名的琥珀之路,就是从这里开始,走向遥远。波兰的母亲河——维斯瓦河,从南向北流经中原大地,像一条蓝色的丝带,把古都克拉科夫、首都华沙、历史名城托伦和海港城市格但斯克,紧密地联结成不可分割的一体。

波兰是诗人的国度,是科学家文学家艺术家的国度。诗人密茨凯维支,天文学家哥白尼,音乐家肖邦,他们是波兰人民光荣儿女的代表,然而,波兰历史上耀眼的星辰又何止三人!翻开诺贝尔奖金获得者的名单,科学家居里夫人,文学家显克维支、莱蒙特,诗人米沃什、希姆博尔斯卡,这些光荣的波兰人的名字,赫赫在目。他们的业绩证实了波兰人民伟大的生命力和创造力。他们属于波兰,也属于全世界。

长期在波兰学习和工作，虽然有所见闻和感悟，但要把去过的地方，看过的景点，听到的故事一一描绘出来，并不是一件轻而易举的事。随着时间的推移，记忆会有差错，景点会有变化，故事也会有不同的版本。为了准确和更贴近现实，我在力所能及的范围内，虽然翻阅和核实了一些资料，但也难免顾此失彼，挂一漏万，甚至其中还会有道听途说。同许多国家一样，波兰的过去、现在和未来，是一部永远读不完的大书。现在奉献给读者的这本小册子，充其量只能算作关于波兰的点滴。如果它能引起青年朋友了解波兰的兴趣和愿望，我也就心满意足了。做了一点填补空白的事，抛砖来引玉，只因未了缘。

人们常说，耳听为虚，眼见为实。想知道梨子的味道，必须亲口尝一尝。诚然，实践是至关重要的。我放下了手中的笔，好像从远处传来了白鹰和美人鱼的呼唤：

“来吧，朋友！让我们携起手来，在维斯瓦河畔共同探寻波兰今昔的辉煌吧！”

2011年9月

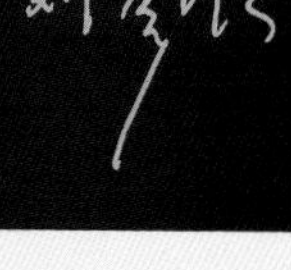

目录

4 名城名景

3 甜蜜的尾声

旅游贴士

波兰概况
General Description of The Republic of Poland

国名	波兰共和国（The Republic of Poland）
国旗	
国徽	
首都	华沙（Warsaw）
地理位置	位于欧洲中部，西与德国为邻，南与捷克、斯洛伐克接壤，东邻俄罗斯、立陶宛、白俄罗斯、乌克兰，北濒波罗的海。
面积	312685平方公里
人口	3813万（2009年）
语言	官方语言为波兰语
民族	波兰族约占98%，此外还有德意志、白俄罗斯、乌克兰、俄罗斯、立陶宛、犹太等少数民族
宗教	全国约90%的居民信奉罗马天主教

气候	属海洋性向大陆性气候过渡的温带阔叶林气候。1月份平均气温-5℃--1℃，7月份17℃-19℃
国歌	《波兰没有灭亡》
国花	三色堇
国鸟	雄鹰
货币	兹罗提
时区	UTC+1（夏令时UTC+2）
时差	比北京时间晚6小时（夏季），7小时（冬季）
国际电话号码	+48
电压	230V,50赫

旅游景点：华沙，克拉科夫，格但斯克，托伦，马尔堡，比亚沃维耶扎森林区，还有维利奇卡盐矿、奥斯威辛集中营等

1

We all live on the same planet

时空中漫游

天时和地利

群山素裹

波兰，一个人杰地灵的国度，一个熟悉而又陌生、已知而又未知的国度。

波兰，我们向往已久的波兰。今天终于有了机会，一道走进她敞开的怀抱，接触和亲近她秀丽的山川和淳朴的人民，了解和理解她历史的辉煌和苦难，感知和领悟她连绵千年的国脉和生生不息的青春与活力。

欧洲大陆的中央

今日的波兰，位于欧洲大陆的中央，是连接东欧和西欧，南欧和北欧的重要的交通枢纽。她北濒波罗的海，同瑞典隔海相望，陆地则同俄罗斯（加里宁格勒地区）为邻；南有喀尔巴阡山和苏台德山，与斯洛伐克、捷克接壤；东有布格河，同立陶宛、白俄罗斯、乌克兰毗连；西以奥德—尼斯河为界，与联邦德国为邻。面积31万多平方公里，位居欧洲第9，世界第66；人口3813万（2009年），位居欧洲第7，世界第25，而在中东欧地区，她的面积和人口均名列榜首。

维斯瓦河

得天独厚的自然地理环境

波兰大地基本上是一个南高北低的大平原。她的自然景观，多姿多彩，引人入胜。波兰的母亲河——维斯瓦河，全长1068公里，由南向北浩浩荡荡流经中原大地，流入波罗的海。南部的苏台德山和喀尔巴阡山，峻岭纵横，群峰竞秀，一年四季，景色宜人。在北部，可以看到冰川时期留下的遗作，瓦尔米亚-马祖里地区，大小湖泊，星罗棋布，素有“千湖之省”的美名。528公里长的海岸线上，半岛和海湾，流动的沙丘和连绵不断的沙滩，构成一幅幅美丽的风景画。而沿海一带盛产琥珀，欧洲著名的“琥珀之路”，即始于此。从空中鸟瞰波兰大地，“草色入帘青”。1/4以上的国土为森林所覆盖，植被多姿，一片青翠，波兰是绿色的。

“千湖之省”

波兰气候温和，属于由海洋性向大陆性气候过渡的温带阔叶林气候。1月份平均温度为摄氏零下5度到零下1度，7月份为摄氏17度-19度。风调雨顺，冬少严寒，夏无酷暑。但天有不测风云，近年来也时时出现反常的气象。

山区春色

野生动植物保护的天堂

鹳鸟之家

波兰有许多得天独厚的地方。在波兰，可以寻找到早已消失了的、几千年来覆盖欧洲低地的原始森林；可以欣赏到在拯救濒危动物欧洲野牛，在保护鹳鸟和蝙蝠等方面，人类和自然和谐相处的丰硕成果。据统计，现在波兰拥有700余头欧洲野牛，比亚沃维耶扎等大森林是欧洲野牛的天堂；世界上现有的16万对鹳鸟中有4万多对每年都飞临波兰，一些村庄中鹳巢多于农舍，被誉为鹳村；二战时纳粹德国建造的河间防御工事及地下巷道，早已成为3万多只飞翔的哺乳动物蝙蝠的越冬洞穴，这些废弃了的工事及其附近地区，现在是蝙蝠保护区。

Tips

波兰旅行住宿

可参考以下订房网站：

http://www.travelpoland.com/index.php;

http://www.hotelspoland.com;

http://www.orbis.pl;

http://www.hostelling.com.pl;

http://www.tradchinese.hostelworld;com/country.php/Hostels/Poland;

http://www.eholiday.pl;

http://www.booking.com/;

http://www.staypoland.com/（此站亦可找便宜的租车）。

传说和史实

在那遥远的过去，在维斯瓦河和奥得河两河流域，也就是今日波兰的广袤土地上，生活在冰河时期的原始人尼安德人，曾在这里留下了自己的身影。

生活在“天堂”溶洞里的古人类

“天堂”溶洞一景

2000多年前波兰人的祖先

大约在公元前1世纪，西方斯拉夫人即已开始在这片土地上繁衍生息，成为这片土地的主人。奥得河和维斯瓦河下游的波莫瑞人，维斯瓦河中游的玛佐夫舍人，以克拉科夫为中心的维斯瓦人，维斯瓦河上游的莱赫人，他们居住在这片共同的地域，创造了共同的经济和文化，使用着共同的语言，只是在政治上还没有实现统一。西方的古书称他们为“凡涅特人”，东方邻国罗斯称他们为“莱赫人”，他们就是波兰人的祖先。

比斯库平遗址城门

莱赫人的传说

说起莱赫人，不能不讲一个故事。传说在深山老林中有一个古斯拉夫人的家庭。有一天老父亲把三个儿子叫到身边，嘱托他们去寻找各自成家立业的乐土。兄弟三人依依不舍地分手了。他们遵照父命，罗斯向东，捷赫向南，莱赫向北走去。只说那莱赫，不知走了多久，也不知走了多远，在夕阳和彩霞的映照下，他看到了一片绿色的平原。他感到有些劳累，便躺在一株古橡树下休息。

白鹰图

仰望那奇异变幻的落霞，遐想未来，只见一只白鹰飞舞，落在橡树枝头，耳边又传来了急切而欢乐的雏鸟的叫声。原来在橡树的枝叶中隐藏着一座鸟巢。他下意识地感到，“巢，是鸟儿的家。而这里，不正是我要寻找的家吗！”他兴奋地跳了起来，环顾四周，指点江山，下决心在这片土地上建设自己的家国。他修建了自己的首府，命名为格涅兹诺，也就是“巢”的意思吧。他称自己的国家是波兰，意为“广袤的土地，美好的田园”。他绘制了一只舒展双翼的白鹰，作为自己国家的标志。

10世纪末，统一国家的创立

传说和史实，异曲同工。据史书记载，在波兰这片土地上，在公元9世纪和10世纪之交，即已出现了以部落联盟为基础的国家组织。10世纪末建立起统一的波兰国家。国家统一的丰功伟绩，是由皮亚斯特家族的第四代统治者、波兰国家君主梅什科一世大公开创，并由其子包莱斯瓦夫一世于公元999年以收复克拉科夫为标志而完成的。统一后的波兰，以格涅兹诺为都城，拥有25万平方公里的国土，110万人口。国土之广和人口之众，当时仅次于东邻罗斯，在斯拉夫国家中位居第二。

洗礼、峰会和加冕

波兰皈依基督教

梅什科一世，选自扬·马代伊科《波兰的国王和公爵》系列

在建立统一的波兰国家的过程中，有两件值得记忆的大事。一是波兰皈依基督教。梅什科一世为抵制西邻奥托一世利用基督教向东扩张，他决定娶捷克公主道布拉娃为妻，并从捷克引进基督教。公元966年，他和他的宫廷人员接受了基督教的洗礼，并向全国推行基督教。与此同时，也接受了拉丁文。梅什科一世采取这一重大的行动，对内有利于加强其统治地位，对外有利于消除西邻萨克森诸侯进行反波战争的借口。这件事，对波兰国家和民族，历史和文化的发展产生了深远的影响。波兰开始走进了基督教文明世界，跻身于欧洲文明古国的行列。公元966年被视为波兰国家历史的开端。

勇敢的波兰首位国王

二是格涅兹诺大会。即公元1000年波德两国国家元首在格涅兹诺举行的历史上的第一次峰会。当时，德意志皇帝奥托三世前来波兰首都格涅兹诺，与包莱斯瓦夫一世晤谈。奥托三世同意

包莱斯瓦夫一世

在波兰成立独立的教区，以格涅兹诺为大主教区，另在其他三个城市设立主教区；同意包莱斯瓦夫一世接受国王的头衔。这次大会充分说明，刚刚完成国家统一的波兰，在走向独立的道路上取得了重大的成就。

格涅兹诺大会后不久，奥托三世逝世，其继承人改变了对波的睦邻政策，波德之间战火重燃。在征战中包莱斯瓦夫一世屡屡胜利，表现英勇，获得了“勇敢的包莱斯瓦夫”的称号。1025年他终于在格涅兹诺加冕为波兰国王，实现了波兰国家的统一。他成为波兰国家的第一位国王。

包莱斯瓦夫一世加冕图

Tips

波兰的电压

波兰用电电压230伏特(50赫兹)，插头是两根圆形脚，插座除两个圆孔之外，有的还有一根凸脚，所以所携带的插头要扁形的，如果是圆形或方形，可能会顶住插座的凸脚而无法使用。

十字骑士团和鞑靼入侵

小公国时期

波兰国家统一后不久，内乱和外患再起，割据势力抬头。1138年，歪嘴的包莱斯瓦夫迫于上层权贵的分权要求，在遗嘱中决定把波兰分给自己的四个儿子，从此开始了波兰国家历时近两个世纪的长期的封建割据时期（1138–1333年）。波兰王国分裂为许多小的公国。

当时威胁波兰的外部势力，主要是西边的德意志帝国和东北方的普鲁士人。波兰因割据而一再化小的一个个公国，无力抵御外敌的入侵。他们有的对入侵者俯首称臣，有的借助外力“以夷制夷”，埋下了祸根。最为典型的事例，就是玛佐夫舍大公康拉德，他于1226年把十字军东征时的骑士团之一——德意志条顿骑士团引入波兰。他把赫翁诺地区分封给十字骑士团（因他们身披带有黑色十字的白色战袍而得名），以换取他们帮助他征伐普鲁士人。结果十字骑士团在同普鲁士人作战中不断壮大，进而建立了骑士团国家。他们反宾为主，不再臣服于波兰，并在勃兰登堡的支持下，成为严重威胁波兰独立与安全的心腹大患。

在十字骑士团不断坐大之时，鞑靼人又曾三次入侵波兰。第一次是1241年，他们长驱直入，破坏克拉科夫，攻占莱格尼查。第二次和第三次是1259

年和1287年。鞑靼人的烧杀和掠夺，遭到了波兰骑士和人民的抵抗。鞑靼人虽然未能占据波兰，只是来去匆匆的“过客”，但他们的入侵严重地伤害了波兰的机体。

伟大的卡吉米日

外敌的入侵，激起了波兰民族意识的觉醒。大波兰地区的一位大公普舍美斯尔二世和库雅维地区的一位大公沃凯太克，他们先后进行了统一波兰的斗争，并于1295年和1320年，先后加冕为波兰国王。沃凯太克的加冕，标志着波兰割据时期的终结。沃凯太克的继任者——卡吉米日三世（1333–1370）为加强国家的统一做出了进一步的努力，使波兰成为强大的中欧国家。为赞美卡吉米日的文治武功，人们称他为“伟大的卡吉米日”。但他并未能从十字骑士团手中夺回失去的土地。1370年，伟大的卡吉米日逝世，他成为波兰皮亚斯特王朝的最后一位国王。

卡吉米日三世像

1331年波兰和十字军“普沃夫策”之战（局部）

女王和波兰—立陶宛联姻

从波匈联手到克赖瓦条约

伟大的卡吉米日身后无子嗣，根据他生前同匈牙利国王缔结的条约，安茹王朝的路易前来克拉科夫，加冕为波兰国王。从而出现了短暂的波兰和匈牙利的王朝联合（1370–1382）。路易死后，王位虚悬两年。1384年，路易的幼女雅德维加加冕为波兰国王，成为波兰第一位女王，时年仅11岁。

国王雅盖沃铜像（1939年纽约世博会时赴美展出，后因二战爆发而“流亡”美国，现仍树立在纽约公园中）

是时，十字骑士团已经成为波兰和立陶宛面临的共同敌人。为了反对十字骑士团的侵略和扩张，波立双方就王朝联合问题进行谈判，并在立陶宛的克赖瓦签订了条约。条约规定：一、立陶宛大公国并入波兰王国，立陶宛大公雅盖沃接受天主教洗礼，加冕为波兰国王，并同波兰女王雅德维加结为夫妻；二、立陶宛应帮助波兰反对十字骑士团，收复失去的东部滨海的土地。就这样，1386年，雅盖沃在克拉科夫加冕为波兰国王，同雅德维加一道执政。波兰历史揭开了雅盖沃王朝的新篇章。

善良的雅德维加女王

波兰人民是富有历史记忆的人民，当人们说起雅德维加女王时，人人都会想起她对波兰文化教育事业的关心。她临终时立下一份遗嘱：把一生的全部积蓄，都捐献给她关心和倡议重建的克拉科夫大学，作为办学的经费。

在比亚斯克教堂外墙的一块石壁上，可以隐隐约约地看到一个脚印，它记载了关于雅德维加女王体恤人民的美好传说。据说，雅德维加十分关心这座教堂，有一天她来到建筑工地视察，敏锐地发现一位石匠满面忧愁。她体贴地询问为什么，石匠回答说：“妻子重病在身，无钱买药，子女在家又无人照管，难啊！”听了石匠的诉说，女王不假思索地解下了绣靴上镶着宝石的金链子，送给了这位石匠去买药。说话间，女王并未注意到她的脚恰恰踏在一片石膏上。女王走后，感恩不尽的石匠立即拓下了女王的脚印，精心地刻在石头上，并把这块石头砌在教堂的外墙上，留下了美好的永久记忆。

雅德维加女王

瓜分，反抗，再瓜分

强邻环伺，虎视眈眈

一个国家一而再、再而三地被周边的强邻瓜分，乃至亡国，在欧洲和世界史上，波兰是最为突出的事例。18世纪下半叶，波兰国势衰落，尽管她地广（73万平方公里）人多（人口1150万），却沦为强邻的瓜分对象。1772年、1793年和1795年，波兰被俄罗斯、普鲁士和奥地利三国连续三次强行瓜分，惨遭了亡国123年的灾难。

波兰分割的寓言图

俄、普、奥三国瓜分波兰，就土地面积而言，俄国获得62%，并吞了立陶宛、白俄罗斯、乌克兰；普鲁士获得20%，侵占了波兰滨海地区以及大波兰和玛佐夫舍地区；奥地利获得18%，攫取了小波兰地区和乌克兰西部地区。三国中得益最多者是俄国。

抗争，纵使失败，也有余勇

第一次被瓜分后，波兰的爱国精英，为救亡图存而坚持革除弊政。他们团结了以国王为中心的王党，孤立了反对改革的大贵族，终于在1791年5月3日，争取议会通过了新宪法——《五三宪法》，取代了沙皇在第一次瓜分时强加给波兰的“根本法”。对此，沙皇俄国反应强烈，纠集了波兰大贵族叛国分子，成立了所谓的塔尔哥维策同盟，并以应塔尔哥维策同盟“邀请”的名义，对波

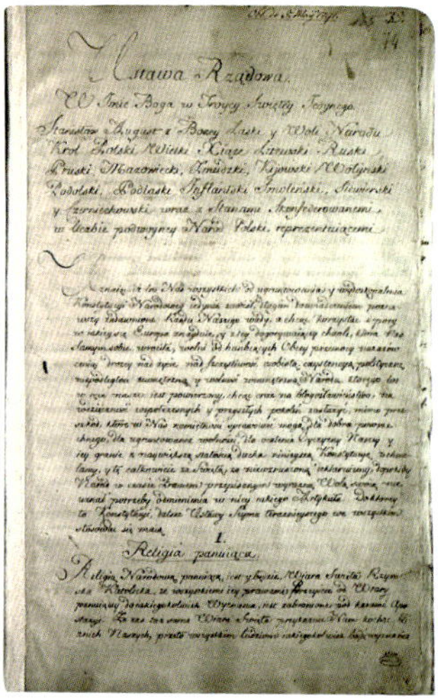

Ustawa Rządowa.

《五三宪法》手稿

科希秋什科广场宣誓

兰进行了直接的武装干涉。波兰国王率军抗俄，然而战斗失利。1793年波兰被第二次瓜分。

为了拯救山河破碎的国家，1794年3月24日，爆发了科希秋什科起义。这次起义赢得了拉茨瓦维采的首战胜利。在拉茨瓦维采胜利的鼓舞下，4月17日华沙爱国军民揭竿而起，消灭俄军守军，解放了华沙。起义军虽然多次打败俄普联军，但始终未能改变敌强我弱的局面。后来，科希秋什科在战场负伤被俘，11月6日华沙失陷，起义失败了。但这次起义的意义重大，它揭开了18至19世纪波兰人民争取国家独立和社会正义的民族起义的序幕。

科希秋什科起义失败后，1795年俄、普、奥对波兰进行了第三次瓜分，波兰亡国。

波兰立法改革，被强邻用武力扼杀了。波兰揭竿起义，被强邻用武力镇压了。枷锁已加身上，任何形式的反抗，都成为强邻施暴的借口。

教训示警

波兰亡国的悲惨命运和教训，在近代国际关系史中，可以说是一面镜子。当19世纪末大清帝国蒙受列强欺凌和宰割时，有人拿起波兰这面镜子来透视清王朝的沉疴，并开出了一份变法维新的药方。这个人就是中国历史上的知名人物康有为先生。

康有为在他的“上清帝书”中，一再以波兰为例，强调变法的必要性和迫切性。他说：“臣闻方今大地守旧之国，未有不分割危亡者也。有次第胁割其土地人民而亡者，波兰是也。”他强调，“观大地诸国，皆以变法而强，守旧而亡。能变则全，不变则亡，全变则强，小变仍亡。”他还警告说，如果失去变法的良机，那么“自尔之后，皇上与诸臣，虽欲苟安旦夕、歌舞湖山而不可得矣，求为长安布衣而不可得矣”。

坎坷崎岖的复兴之路

在强邻瓜分及其后长达123年的亡国期间，波兰人民前仆后继地展开了争取国家复兴和民族解放的斗争，用智慧和鲜血书写了民族的壮丽的史诗。

昙花一现的华沙公国

流亡国外的志士仁人，试图借助法国的援助，争取国家的复兴。他们在意大利成立了波兰志愿军团，随同拿破仑转战欧洲。根据法俄提尔西特条约，1807年在欧洲地图上出现了一个华沙公国。

华沙公国是拿破仑争霸欧洲的一颗棋子，虽然它只是昙花一现，但也反映出波兰人民争取国家复兴的愿望，波兰爱国者曾把它当作建立未来波兰国家的起点。1812年拿破仑对俄战争失败，华沙公国也随之垮台。1814–1815年的维也纳会议，对华沙公国版图内的波兰土地，进行了再次瓜分。有学者称，这是第四次瓜分波兰。

看来，借助外来的力量这条路是走不通了，波兰国内外的爱国者，积极寻找

华沙公国枪骑兵

一月起义图

新的救国途径。途径之一，就是不断地拿起武装起义的武器，前仆后继地进行斗争。斗争的矛头，不只指向俄国，而且指向普鲁士和奥地利。在俄、普、奥三个占领区内大大小小的起义此起彼伏。其中尤以在俄占区爆发的1830年“十一月起义”和1863年“一月起义”持续的时间长，声势浩大，影响深远。起义虽然失败了，但它迫使沙俄政府宣布在波兰王国废除农奴制度，在波兰争取国家复兴和民族解放的历史上，具有重要的意义。

不懈的努力，复兴的曙光

奋起，失败，再奋起。波兰人不放弃，不气馁，不动摇，艰难而执著地向前走去。在第一次世界大战期间，他们利用交战双方两败俱伤的时机，开展了武装斗争。再加上“十月革命”后的苏俄废除了沙俄同普、奥签订的瓜分波兰的条约，以及美国和协约国支持波兰独立等等有利的国际条件，波兰人终于迎来了复兴的曙光。1918年11月11日，在华沙的摄政委员会（德奥扶持的傀儡政府）宣布自行解散，并向毕苏茨基移交了全

部政权。一个复兴了的波兰国家重新屹立在中东欧地平线上。

民族英雄毕苏茨基

毕苏茨基

毕苏茨基（1867–1935）是波兰近代史上的重要人物，他成为复兴了的波兰国家的元首，被视为“民族英雄”。

毕苏茨基早年参加反俄活动，两次被沙皇当局逮捕，一度被流放西伯利亚。第一次世界大战开始时，他在奥占区组织“射击同盟”，配合奥军同俄军作战。后又在新建的波兰兵团中担任第一旅旅长。他秘密建立“波兰军事组织”，准备建立未来的波兰军队。当德奥占领波兰王国后，占领当局于1916年12月建立了临时国务会议，毕苏茨基被任命为军政部长。占领当局为了强化对波兰兵团的控制，命令波兰兵团宣誓效忠，遭到毕苏茨基的反对。毕苏茨基决定同占领当局分道扬镳。1917年7月，他退出临时国务会议，并号召兵团战士拒绝宣誓，引发了一场“宣誓危机”。占领当局将他逮捕，关押在马格德堡监狱。毕苏茨基身在狱中，但他建立的“波兰军事组织”和他领导的波兰兵团并未停止斗争，他们在1918年秋，利用德奥两个帝国崩溃之机，用武力解除了占领者的武装，为毕苏茨基于11月10日顺利返回波兰铺平了道路。

国歌，战斗的号角

国歌、国旗和国徽，是一个国家的标志和象征，尊严和荣耀，是无比神圣的，不可亵渎和侵犯的。

来自军旅，源自民间

在波兰，专门为国歌建立了博物馆，为国旗设立了国旗日，波兰人对国歌、国旗和国徽的崇敬和热爱是难以用语言来形容的。

波兰国歌原本是一首军旅歌曲，它诞生于1797年，也就是波兰被三次瓜分后，波兰爱国者流亡国外、奔走呼号、建立起波兰军团的年代，至今已有210多年的历史。当时拿破仑在意大利击败奥军，被俘的奥军士兵中有近万人是波兰人。波兰流亡巴黎的董布罗夫斯基将军，在法国同意和支持下，收编战俘组建了波兰军团。波兰人的想法是，借助拿破仑的征战，打回波兰老家，重整河山。1797年7月，军团的另一位领导人维比茨基，用士兵们熟悉的波兰民间曲调，创作了一首《董布罗夫斯基马祖尔曲》，为士兵们壮行。这首歌共六段，第一段歌词是：

波兰不会灭亡，
只要我们还活在世上。
凡列强用暴力掠走的一切，
要高举战刀夺回来。
向前进，向前进，董布罗夫斯基，
从意大利打回波兰去，
在你的领导下，
同人民团结在一起。

这首歌把亡国的仇恨化作了复兴的力量，表达了不甘心家破国亡的民族情感和重整河山的民族愿望。这首歌拨动着军团士兵的心弦，深深地打动了每一个波兰人的心。这首歌，唱出了信心，唱出了勇气，唱出了自豪。

鼓舞斗志的“利器”

很快，这首歌就在三个占领区内外流行开来。特别是在华沙公国时期和1830年“十一月起义”时期，出现了两次大普及的高潮。这歌声，凝聚民心，鼓舞斗志，成为波兰人反抗斗争的强大的武器。占领当局闻歌丧胆，自作聪明地把这首歌列为禁歌。但一道禁令，又怎能吓倒波兰人！他们不约而同的回应是，你越禁，我越唱，而且要一代代地传唱下去。在亡国的123年中，在走向国家复兴的坎坷的道路上，波兰人同这首歌始终在一起，时而低吟徘徊，时而高歌猛进。这首不朽的歌成为波兰历史不可分割的组成部分，第一次世界大战后，波兰国家复兴了，它被正式定为波兰国歌。第二次世界大战后的波兰人民共和国，和1989年后的波兰共和国，继续把它定为波兰国歌。

有专门博物馆的国歌

1978年，波兰专门在国歌作者的故乡——贝多明村，创建了一座国歌博物馆。单以国歌为主题的博物馆，这在波兰是独一无二的，在世界上恐怕也是凤毛麟角。

贝多明是卡舒布地区的小小村落，国歌作者维比茨基1747年在这里来到了人间。这是一幢简朴的二层小楼，周围是宁静的森林公园。博物馆内收藏的展品虽然有限，但主题突出，给人留下的印象是深刻的。维比茨基的生平和活动，同波兰18世纪末和19世纪初的国难史密不可分。21岁时，他当选为议员。他抨击腐政，主张改革。他积极参加了科希秋什科起义。他流亡国外，参与组建波兰军团。他文武双全，是将军，又是政治家、政论家和剧作家。《董布罗夫斯基马祖尔曲》，恰恰是他的爱国主义品格和激情的结晶和升华。

在百年传唱的过程中，这首歌的修辞和韵律经过了千锤百炼。个别词句的细微变动，使它更精确地反映出波兰历史的实际，体现了波兰人的集体智慧。

Tips

波兰货币

波兰虽已是申根国家，但尚未加入欧元区，至该国旅游需兑换当地币兹罗提Złoty，英文标志PLN，波文标志zł。

1欧元:波币=1:4.42，1波币:人民币=1:1.98（2012年2月）。

钞票面额有100、50、20、10元，硬币有5、2、1元、5、2、1角、5、2、1分。纸钞尽量要求换50PLN以下的，很多小贩小杂货店100PLN的都找不太开。商店找钱会找到分的单位。

ATM蛮多的，跨国提款很方便。大部分商店餐厅都接受信用卡，小杂货店就是通用现金。

几乎所有的银行都可以用欧元兑换波币，但是大部分的人都会把钱拿到有Kantor字样的外币兑换店兑换，汇率比银行好且不收手续费、不用出示任何证件，如果换的数目很大，还可以讲价。旅程结束前花不完的波币，也可以不用出示任何证件在Kantor换成欧元，可换至欧元的角分。至Kantor换钱亦需多比较，每家的汇率其实不尽相同，各观光景点有非常多Kantor店。

机场和火车站的汇率很差，尽量不要在这些地方换币。先换个5-10欧元可以搭巴士去市区就可以了。

贝多明国歌博物馆

2

We all live on the same planet

首都华沙

华沙，华沙

绿，华沙特有的色彩

人们常常称赞说，“华沙是绿色的”。眼见是实，耳听是虚。到了华沙之后，我们就会感到，这果然名不虚传：“绿，是华沙特有的色彩”。

在世界各国首都中，华沙的绿化率名列前茅，人均占有的绿化面积达78平方米。如果要问，“华沙的绿在哪里？”华沙人会骄傲地回答说，“华沙的绿，在脚下，在眼前，在身边。”的确，华沙的绿是多层次的，立体的，是由森林、公园、庭院、草坪、林阴路、果菜园，以及沿街民居阳台上的盆花构成的。这绿，不是散落在华沙城市之中，而是华沙市区镶嵌在一片片的绿阴里。

绿色掩映的宫廷建筑

华沙北靠康平森林公园。这纵深40余公里的森林，一望无际，占地670多

绿色的华沙

瓦金基公园

平方公里，是名副其实的林海。这林海就是首都的天然的绿色屏障。喜欢郊游和呼吸新鲜空气的华沙居民，一旦走进这野趣横生的森林，常常是“此间乐，不思蜀”，乐而忘返了。位于市中心的瓦金基公园，林木丛生，湖水如镜，犹似华沙的绿色心脏。维斯瓦河从市中心流过，河水清澈，波光粼粼；两岸绿草如茵，树

木成行，这一动一静、亦动亦静的绿，宛如城市中舞动着的绿色飘带，给华沙增添了勃勃生机和灵性。

绿是华沙的色彩。波兰朋友富有哲理地说，在华沙，绿中孕育着生命，孕育着无数可歌可泣的故事。

华沙名称的传说

华沙成为波兰国家的首都始于1596年。是波兰国王齐格蒙特三世·瓦扎，将首都从古老的克拉科夫迁到华沙，掀开了华沙发展的新篇章。华沙曾是玛佐夫舍王公的都城，迄今已有700年的历史。波兰国王之所以迁都，其原因有二：一是克拉科夫的瓦维尔宫在一年之内连续遭受两次火灾，这使国王萌生了迁都的想法，二是华沙地处维斯瓦河中游，距立陶宛更近，便于行使王权。

说起迁都，民间流传着不少故事，试举一例。传说，很早之前，维斯瓦河两岸风光如画，波兰人的祖先就在这里从事渔猎和农耕。他们生活祥和、宁静和欢乐，像淙淙流水一样不计时日。当时位于维斯瓦河上游的克拉科夫是首都，但随着国家的兴旺，疆域的拓展，国王希望在维斯瓦河中游寻找一方宝地，建设新的首都。为此目的，他率大臣们离开了克拉科夫，沿维斯瓦河北上。有一天他巡游到一处绿树成阴的村落，突然从河面飘来了一阵动听的歌声。他驻足凝视波光粼粼的河水，只见一条美人鱼跃出水面，为他高唱赞歌。国王询问左右："这是什么地方？"随从中无人知晓。国王看到有两个孩子正在河边戏水，就询问他们，他们俩也说不知道。国王又问两个孩子的名字，男孩胆大抢先说："我叫华尔（War）。"女孩有些羞涩低声说："我叫沙娃（Szawa）。"国王拉着两个孩子的小手，轻轻地重复两个孩子的名字：华尔—沙娃，突然哈哈大笑起来，对左右说："多么好听的名字！这地方就叫Warszawa（中译华沙）吧！就在这里建设新的首都吧！"国王下定了决心，众随从鼓掌欢呼，河面上又飘来了美人鱼的歌声。

人们说，这就是波兰首都华沙名称的由来。

自此之后，美人鱼同华沙结下了不解之缘，成为华沙的城徽和守护神。

Tips

华沙旅游资讯中心

http://www.warsawtour.pl/

拥有全面的华沙旅行资讯介绍，出行、餐饮、住宿、娱乐运动等均有涉猎，有波兰语、英语等五个版本。咨询电话为：+48 22 194 31，咨询电子邮件地址为：info@warsawtour.pl。

华沙维斯瓦河

穿越维斯瓦河的大桥

美人鱼——民族性格的缩影

华沙人喜欢美人鱼。波兰的雕塑艺术家一而再再而三地为美人鱼塑造出立意相同而形象有别的塑像。

三座美人鱼

第一座美人鱼塑像，建造于1855年，比那鼎鼎大名的丹麦哥本哈根的美人鱼还年长57岁。真可以说是美人鱼家族中的老祖母了。但由于她体态娇小俊秀，人们习惯地称她为小美人鱼。她历尽沧桑，多次迁徙，有时坐镇市内，有时驻守城头，今天她又回到古城市场中央，威严地践行她守护神的职责。

第二座美人鱼塑像，建造于1937年。她身材高大，体态端庄，坚定不移地驻守在维斯瓦河的西岸。人们习惯地称她为大美人鱼。

在美人鱼塑像前，多少游人流连忘返，多少过客摄影留念，还有那兴致勃勃的游人，随意编了句顺口溜，令大家忍俊不禁：

不来不知道，
华沙真奇妙，
波兰的美人鱼，
比丹麦的更早！

华沙还有第三座美人鱼，她位于偏僻的街巷，真可是“养在深闺人未识”了，很少同游人见面。

维斯瓦河畔的大美人鱼

美人鱼的传说

小美人鱼

华沙的美人鱼与丹麦的美人鱼大不相同。哥本哈根的美人鱼柔情似水，华沙的美人鱼飒爽英姿。这可能同民间的传说有关。传说中的故事是：当华沙成为波兰国家的首都时，维斯瓦河中常常出现水怪兴风作浪，危害百姓。华沙人请求美人鱼的保护，一位铁匠打造了利剑和盾牌，送给美人鱼降妖捉怪。经过一番苦战，美人鱼降服了水怪，保护华沙人过上了安定的生活。美人鱼成为华沙的守护神。这个民间传说，可能就是波兰雕塑家创作灵感的源泉。

华沙美人鱼的典型造型是人身鱼尾的女性，她左手持着盾牌，右手高举利剑，表现出威武不屈的精神。波兰朋友说，这美人鱼手中的盾和剑，浓缩了波兰人民的民族性格，这就是在残暴的侵略者面前绝不屈膝，而要敢于自卫，敢于抗争。波兰被三次瓜分时是这样，在亡国后争取国家复兴的苦难过程中是这样，在反法西斯战争中更是这样。波兰朋友的话言简意赅，勾画出一幅历史长卷，好像是维斯瓦河流水在诉说沧桑，又好像跃出水面的美人鱼在高声呐喊：为了自由和独立，用盾牌自卫，用利剑反击。

Tips

华沙的市徽

与美人鱼有关的传说，造就了华沙独特的美人鱼市徽形象。

华沙古城，再生的凤凰

作为首都，华沙历尽沧桑。二战的硝烟还没有散尽，就开始了医治战争创伤的努力。想当年华沙重建之快，令世人刮目相看，创造出蜚声世界的“华沙速度”。1980年华沙古城被列入世界文化遗产，被誉为“灰烬中再生的凤凰”。

废墟

有智慧的重建

火中的凤凰，在灰烬中起飞了。这是波兰倾全国之力，经过数十年的奋斗的结果。回顾华沙古城的重建过程，大体上可以分为两个阶段。1949年—1963年完成了以古城市场为中心的重建；1974年—1981年完成了王宫的重建。华沙古城终于以其古色古香、美轮美奂的新姿，耸立在维斯瓦河边。古城的重建，显示了波兰人民的历史智慧和创造才能。从外观和形体上看，古城和王宫一如既往，整旧如故，保持了历史风貌和神韵，古色古香。但从结构和建筑材料上看，建筑物内部则作了必要的无伤大雅的改动，使其与现代建筑材料和现代建筑物的功能要求相适应。因此也可以说，古城和王宫是把原味和现代有机结合在一起的崭新的建筑群。为了保持原味，重建时的设计者和建设者极尽匠心，他们仔细研究和考证废墟中残留的较为完整的砖瓦和饰物，并最大限度地将其安放在原来的位置上，实现了“原物归位”的设想和原则。

老城墙

Tips

华沙城市旅游大巴

游览华沙你可以乘坐城市旅游大巴"Warsaw City-Tour"，26个站点，12种导游语言，一周7天，全年营运。中文语音十分标准，介绍每一处景点和历史，一路观光就像听故事一样。

旧貌新颜

请看，今日的华沙古城，旧貌换新颜。那防御入侵者的红砖城墙，已干涸了的护城河，古色古香的巴洛克式的建筑群，端端正正的青石铺地的古市场，镇守华沙的小美人鱼和高耸入云的齐格蒙特纪念柱，高大巍峨的教堂和朱红色的王宫，构成了古城的特有风貌，记载了重建华沙的艰辛，充满了丰厚的历史底蕴。新生的古城，比以往任何时候都更具有魅力，成为波兰人民不可征服和不可屈辱的象征，成为波兰国家历史连续性的载体，也成为波兰人民奉献给全世界的人类文化瑰宝。

华沙古城，令人向往。人们普遍认为，只有亲自一睹古城风采的人，才算是真正的到过华沙的人。

维斯瓦河畔的华沙古城

王宫，了解波兰的"捷径"

广场上的王宫

王宫是一座五边形的建筑群，是华沙古城五大景观中的精华。王宫正门上的齐格蒙特钟楼同广场上的齐格蒙特纪念柱相映成趣。

昔日王宫，今日博物馆

王宫的建造是从16世纪末开始的，属于巴洛克建筑风格，外观颇为简朴无奇，室内装修则豪华无比。波兰国王齐格蒙特三世曾不惜巨资，从意大利聘请著名画家和购买名画，在王宫内建立画廊，使其成为全波兰的艺术中心。

今天，王宫是对公众开放的博物馆。

走进王宫，仿佛走进了波兰历史和文化的殿堂。王宫中数以百计的大小厅室，功能不同，布置各异，各有各的趣闻轶事，正史和野史，是了解波兰的过去和预见波兰未来的"捷径"。

17世纪中叶瑞典人入侵时，王宫中许多艺术珍藏或毁于战火，或被劫掠。18世纪末波兰被瓜分亡国后，俄国又掠走了大批文物。1939年希特勒发动第二次世界大战，王宫遭到德国战机的狂轰滥炸。1944年华沙起义失败后，王宫被德国纳粹夷为平地。但波兰人民从未放弃医治战争创伤的努力，从古至今，一次又一次地修葺和重建王宫，使王宫成为"独立国家的纪念碑"，成为"独立的民族持续存在的象征，和波兰最最重要而悲惨的历史篇章的见证人”。

各具代表性的厅室

王宫的各个厅室的门和窗，地板和天棚，楼梯和走廊，无一不是精心雕琢的艺术珍品；壁毯和油画令人目不暇接；十数个最具代表性的厅室，给人留下难忘的印象。其中巨厅，是举行大型活动的地方。这个厅无比华丽，每件陈设均有典故，通过镜子和玻璃窗，室外风光和室内景色浑然一体。王冠厅，是波兰国王的金銮宝殿，空间虽然不大，却充满威严。大理石厅，挂满了波兰历代国王的肖像画，其中尤以末代国王波尼亚托夫斯基最为突出。参议院厅，看起来朴实无华，却因《五三宪法》而名垂青史。卡纳莱托厅，是以意大利画家卡纳莱托命名的油画厅。

王冠厅

卡纳莱托，应波兰国王之请，在王宫作画多年，用画笔记载了华沙城市风貌。他所绘的华沙风景画，为二战后华沙市区重建时保持原有的建筑形体和风格，提供了重要的文物依据。卡纳莱托厅的布展极具想象力。透过玻璃窗，克拉科夫郊外大街的街景进入眼帘，窗外的街景和厅内的油画，一模一样，惟妙惟肖。

王宫内的艺术品

王宫中最小巧的厅室可能非国王小教堂莫属了。这里空间虽小，却无比神圣，波兰民族英雄、伟大的爱国者科希秋什科的心脏，就恭放在这里。

小教堂

历史记忆的载体

在王宫中漫步，犹如穿梭在历史的时空。如烟的往事，留在我们记忆中的可能只是一头一尾了。这开头的一件大事，是波兰干涉俄国皇位之争。1611年10月29日，在王宫参议院大厅，举行了向国王齐格蒙特三世献俘仪式。这压尾的一件大事，发生在波兰被第一次瓜分之后，1791年5月3日“四年议会”通过了波兰第一部君主立宪宪法，举起了废旧—变法—革新的旗帜。这两件事，记载了波兰贵族共和国从鼎盛到衰亡的一始一终。

Tips

《五三宪法》

波兰历史上的仁人志士认为，国家政治制度中的“两大自由”——自由选王制和自由否决权，是导致国家衰亡的祸根。《五三宪法》废除了这“两大自由”。

自由选王制，始于1573年，直到1795年波兰亡国，延续222年之久。自由选王时期，王位不能世袭，国王由贵族自由选举产生。这期间先后共选举了11位国王，其中7位是外国人。在选王活动中，贵族各个家族和集团之间你争我夺，甚至还各自寻找外国靠山，为强邻插手波兰事务开启了方便之门。

自由否决权，最早出现于1652年。当时议会就延长会期问题进行辩论和表决，但由于一位议员的反对而不能立法，议会陷于瘫痪，开创了一个人可以否定多数人的先例。自此之后，大贵族为了维护自身的特权，反对一切改革，他们频繁地使用了自由否决权。议会会议被迫中断的事例层出不穷。在百年期间，议会中断73次。

《五三宪法》是欧洲的第一部宪法，是继美国之后世界的第二部宪法。恩格斯高度评价《五三宪法》，说它是被瓜分了的波兰“勇敢地在维斯瓦河两岸竖起了法国革命的旗帜”，如果波兰能够在没有外来破坏的环境下发展下去，波兰“就会成为莱因河东最先进最强大的国家”。时至今日，波兰人民十分珍视和推崇《五三宪法》的历史地位，作用和影响，法定5月3日为宪法日——国庆节。

"他的光辉，比金子更明亮"——齐格蒙特三世纪念柱

纪念柱同王宫钟楼遥相呼应

齐格蒙特三世的丰功伟业

当我们从克拉科夫郊外大街北行走向王宫广场时，一座高耸入云的纪念柱立即进入视野。这是波兰国王齐格蒙特三世·瓦扎（1587—1632年在位）的纪念碑。正是这位国王于1596年将波兰首都从克拉科夫迁至华沙，在历史上留下了不朽的业绩。他在位44年，奉行东扩政策，同俄罗斯争霸东欧。他先后扶植了两个傀儡，参与俄国皇位的争夺。

为此，他的继任者瓦迪斯瓦夫四世（1632—1648年在位）为他树碑立传。

纪念碑始建于1644年，300年后，即1944年被德国纳粹炸毁，1949年重建。齐格蒙特三世纪念柱，是古城五大景观之一。

最古老的世俗纪念碑

在波兰诸多的纪念碑中，齐格蒙特纪念柱是波兰最古老的世俗纪念碑。它的造型高大而稳重，圆柱高22米，齐格蒙特的青铜塑像屹立在圆柱之上。他威风凛凛，头戴王冠，身披战袍，手执利剑和十字架。圆柱底座的四周均有拉丁语铭文，一侧铭刻着他在位时的赫赫战功：攻克莫斯科，俘虏了莫斯科的头领和粉碎了他们的军队，收复了斯摩棱斯克。在霍奇姆重创土耳其大军。另一侧则铭刻赞美诗，歌颂齐格蒙特"犹如一座高山，他的光辉比金子更明亮，他的力量比青铜更坚强"。

有象征意味的传说

对齐格蒙特三世，波兰人情有独钟。站在齐格蒙特三世纪念柱下面，可以听到一个民间传说，大意是波兰国家的命运紧紧地同国王手中的利剑联系在一起。人们仰望剑尖的指向，就可以预知波兰国家的吉凶祸福。剑尖上扬，象征着国运昌盛，胜利和幸福；剑尖下垂，则是国王在告诫波兰人，要警惕厄运的来临和衰亡的危险。

纪念柱局部

圣约翰大教堂和“千年大主教”

圣约翰大教堂是波兰罗马天主教红衣大主教的本堂，是神权的载体。它位于王宫和市场之间。王宫、教堂、市场三点一线地联结在一起。

大教堂外观

见证历史的华沙最古老的教堂

圣约翰大教堂始建于13和14世纪之交，是华沙最古老的教堂。19世纪上半叶，依照英国哥特式风格进行过全面的整修。二战时被德国纳粹彻底摧毁。1945年后重建。重建时突出了建筑艺术的民族形式，使其具有维斯瓦河畔哥特式的风格特点。

在波兰历史上，圣约翰大教堂见证了许多重大的事件。人们念念不忘的大事有：14世纪初，波兰向教皇状告十字骑士团侵占波兰的沿海地区，结果波兰胜诉。1339年教皇的特使前来华沙，在圣约翰大教堂宣读了教皇的判决。1632年波兰国王瓦迪斯瓦夫四世在这里举行了盛大的婚礼。1764年波兰末代国王波尼亚托夫斯基的加冕典礼，以及1791年《五三宪法》的宣誓仪式，也都是在这里举行的。

波兰人笃信天主教，视教堂为圣地。走进大教堂，立即会感到它的庄严、肃穆和丰厚的历史底蕴。大教堂的南北两个侧厅，排列着波兰著名历史人物的胸像、牌匾和墓碑。大教堂的地下宫，安放着玛佐夫舍王公，共和国总统和爱国将领的棺椁。波兰著名作家、诺贝尔文学奖获得者显克维支也长眠于此。在南侧厅有一座墓碑，上面有一名战士和一位妇女的雕像，这位妇女象征着祖国母亲，寓意是墓主像战士一样同祖国在一起。这位墓主就是主持通过《五三宪法》的“四年议会”议长斯·马瓦霍夫斯基。在北侧厅，在靠近正门的一个小厅，是波兰红衣大主教斯·维辛斯基的陵寝。墙上是大主教同圣母和人民在一起的一组浮雕，演绎着维辛斯基一生走过的道路。

圣约翰大教堂内部

维辛斯基大主教雕像

备受尊重的千年大主教

在现代波兰，维辛斯基大主教(1901.8.3—1981.5.28)被誉为“千年大主教”，有着崇高的地位，受到社会各界的尊重。他从1948年起担任波兰大主教长达33年之久。在上个世纪60年代，他领导宗教界举行了纪念波兰洗礼一千年的庆祝活动。80年代初，波兰陷入危机，团结工会运动兴起，社会冲突有一触即发之势，存在着外部武装干涉的危险。面对如此严峻的局势，他关心波兰国内和平和民族福祉，一再呼吁对立双方保持理智、克制和负责的态度，并在当局和团结工会中间进行斡旋，推动谈判。他逝世时，全国哀悼三天，并为他举行了“国王般的葬礼”。罗马教皇称赞他是“伟大的大主教”，“以千年大主教的美誉走进历史”。

维辛斯基是一个伟大的名字，许多学校、医院以维辛斯基命名。华沙神学院改名为维辛斯基大学。2011年，在格涅兹诺大教堂举行了纪念维辛斯基逝世30周年展览会，展出的文物中，有大主教的法衣，文件，图片和用品等。其中有一枚体形粗大，镶嵌着宝石和钦斯托霍瓦圣母像的金戒指。

维辛斯基大主教的戒指

今人不见古时市，今市犹在思古人

世界文化的瑰宝

离开神权的殿堂，沿街北行，举世闻名的古城市场就呈现在眼前。

驻足市场的西南角，领略它的风采，会看到临街的墙角上方饰有“独头双身”的雄狮浮雕。艺术家把雄狮头颅雕在两面墙交角的中心线上，把雄狮身体一分为二，分别雕在两面墙的墙面上，给人一种错觉：是一头、还是二头？雄狮俯视着扎别采克街头，那里地面上铺着一块闪闪发光的铜牌，上刻“华沙古城——世界文化瑰宝。联合国教科文组织，1980年9月立”。

古城市场并不算大，南北长约90米，东西宽约70米。市场中心是小美人鱼的驻地，她身边仍保存着过去的水井。市场周围的楼房，其底层是昔日富商和工匠的商店或作坊，高层则是他们的住宅。从楼层的高低和门面的宽窄中，可以看到他们当时的争豪斗富。

古城商店的标志

俯瞰王宫广场

自然，这些楼房都是根据现存照片和图画重建的，其外貌尽可能同被毁的建筑相似，但其内部结构却作了必要的调整。

从市场东西南北楼群的称谓中，可以感受到波兰人民对历史上爱国革新运动的推崇和怀念。李白有诗曰：“今人不见古时月，今月曾经照古人”，在古城市场，似可以套用说：今人不见古时市，今市犹在思古人。

古城市场的四面

古城市场西侧称为“科旺泰西厢”。因科旺泰故居在此而得名。科旺泰是18世纪末波兰革新运动的领导人之一。在“四年议会”期间，他力主革新，是《五三宪法》起草人之一。他主张农民应有人身自由，他的名言是：“当人还是奴隶的时候，这个国家不可能是自由的。”

古城市场北侧称为“德凯特北厢”。为纪念华沙市长德凯特而得名。德凯特曾号召全国141个城市的代表集聚华沙，为争取市民权利而举行“黑衣游行”，向“四年议会”议长递交请愿书。1791年4月，议会通过了关于城市权利的议案，满足了“黑衣游行”的要求。今天，这里是华沙市博物馆。

古城市场东侧称为“巴尔斯东厢”。巴尔斯是德凯特市长的助手。南侧称为“萨克热夫斯基南厢”。萨克热夫斯基是“四年议会”议员，《五三宪法》通过后的华沙首任市长。

古城市场北厢，华沙市博物馆

华沙古城城墙（Ray Zhang摄）

过去生活的印痕

在古城市场漫步，仿佛走进了世外桃源。在这里可以看到过去的邮局、药店、书店；可以观赏洛可可、巴洛克建筑艺术的精华，以及建筑物上美丽的浮雕和图案；可以发现独具特色的古街灯和古招牌。还可以在彩色缤纷的遮阳伞下，品尝美味的冰激凌和香甜的咖啡；在临时搭建的舞台前，欣赏民间歌舞和流行音乐；在约定俗成的街头画廊里，选购以古城为题材的油画、水粉画和素描。古城虽古，充满生机，已成为华沙市内品位高雅的旅游、购物、休闲、娱乐和怀古的好去处。

由四座碉楼组成的瓮城——巴尔巴坎，护卫着古城的北大门。它始建于1548年，是典型的中世纪欧洲城堡。瓮城脚下有护城河，二战后重建时，为了交通方便与安全，把古时的吊桥改建为固定的桥梁。走进瓮城，那厚厚的红色砖墙和宽大的射击口，似乎在宣示华沙市民守护城池的决心和力量。但现实的画面是，今日的浪漫已经取代了往昔的威严。全身披挂盔甲的武士不见了，宽大的射击口变成了少男少女谈情说爱和小商小贩叫卖练摊的好地方。

古城路灯

Tips

观光在古城市场

从旅客服务中心旁转进Swietojanska街，即可通往古城市场。古城市场是华沙旧城区精华，充满16世纪古典风貌，周围的商店和餐厅古色古香，铺石路不时有马车载着观光客经过，更是艺术家的天堂，有画家现场为你素描，街头艺人表演歌曲舞蹈，也可以在市场周围的商店中买到各种民俗工艺品。

"镭，不归我所有"——居里夫人博物馆

离瓮城大约百八十米的地方，有一幢临街的住宅楼，看起来朴素无华，并不会引起特别的注意，然而它却像磁铁一样，吸引各国青年学子的目光。这幢楼就是弗莱塔街16号，是世界杰出的女科学家玛丽娅·斯克沃多夫斯卡-居里夫人的诞生地。现今是居里夫人博物馆。

居里夫人博物馆（Ray Zhang摄）

杰出的女科学家

1867年11月7日玛丽娅来到了人世。在清贫的教授家庭里，度过了她的童年和少年。受父亲的熏陶，她从小就对物理发生了兴趣。1891年赴巴黎入大学深造，获得了两个硕士学位。1895年她同法国物理学家皮埃尔·居里结婚，开始了人生的新征程，向寻找未知的放射性元素进军。1898年7月她发现新元素，为怀念祖国波兰，将这一元素命名为"钋"（polonium）。接着在同年12月又发现了新元素"镭"。为获取新元素的实体，她同她的丈夫从1898年到1902年历尽艰辛，终于从几十吨的沥青铀矿废渣中，提炼出0.1克氯化镭。1903年她获得博士学位和诺贝尔物理学奖。1910年又提炼出纯金属镭，并因此于1911年获得诺贝尔化学奖。一位伟大的波兰女性的名字写入了世界科学史。

爱因斯坦曾评价说，居里夫人"一生最伟大的功绩，就是证明了放射性元素的存在，并把它们分离出来。在极端困难的情况下，她能做到这一些，不仅仅是靠大胆的直觉，而且也是靠难以想象的工作热忱和顽强"。爱因斯坦特别指出，"这样的困难，在实验科学的历史中是罕见的。"博物馆中的图片和实物，生动地证实了爱因斯坦的"罕见说"。

见证品格的博物馆

在博物馆中，不仅看到了科学家如何做事，更看到了科学家如何为人。

居里夫人献身科学，淡泊名利，不惧艰险，勇攀高峰，成就了非凡的事业。有人统计说，她一生中曾获得10次奖金，16枚奖章，107个各种名誉头衔。但她视褒奖如浮云，金光闪闪的奖章成为她女儿手中的儿童玩具。她说："荣誉就像玩具，只能玩玩而已，绝不能永远守

着它，否则就将一事无成。”她还以一颗平常的心，介绍自己。在第一展厅的醒目位置，可以读到这样的话：“这是一段并不伟大，也不是什么大事的历史。我生在华沙一位教授的家庭。我嫁给了彼埃尔·居里，有两个孩子。在法国完成了我的事业。”不用任何形容词来包装自己，这样的自我介绍，简朴到不能再简朴，平凡到不能再平凡。看到它，人们肃然起敬，并异口同声地赞美说，这才是真正的纯真和伟大！

居里夫人从来也不把自己的科研成果视为私有，而是把它奉献给全人类。她不申请任何专利。她高尚的品德和人格的魅力，像她所发现的放射性元素那样闪闪发光。在第三展厅，听到了那震撼心灵的独白，她说，“我发现了镭，但我并未制造出镭。因此，镭，不归我所有，而归全人类所有。”

1934年7月4日，居里夫人因患白血病而不幸逝世，放射性元素夺去了她的生命。她无怨无悔，因为她实现了她的理想，“把人生变成科学的梦，然后再把梦变成现实”；“我们不应虚度此生，我们应该能够说，我已经做了我能做的事”。

居里夫人像

Tips

居里夫人博物馆开放时间

周二—周六：10:00—16:30；周一：10:00—14:30；假日休息闭馆。

博物馆内居里夫人实验室

居里夫人博物馆内部

拉齐维沃宫——今天的总统府

克拉科夫郊外大街景物非凡。17和18世纪的古建筑栉比林立。过去的王公显贵的官邸，今天已改作他用，变成了高等学府、科研机构和政府机关。其中首屈一指的当数拉齐维沃宫了。

拉齐维沃宫壮观的外景

丰富的过往

拉齐维沃宫，是今天的总统府。始建于17世纪上半叶，1674年转手归拉齐维沃家族所有。1815年维也纳会议瓜分了华沙公国，建立了由俄国沙皇兼任国王的波兰王国。拉齐维沃宫被王国政府收购，开始成为王国总督的驻地。同时，再行扩建，按古典风格建起左右侧楼。一战后，波兰独立，这里是波兰共和国总理府。二战后，是波兰人民共和国部长会议所在地。1989年后重新进行大修，1994年成为总统府。

拉齐维沃宫外观造型典雅稳重，内部装修美观大方，著名的厅室有圆柱厅、绘画厅、骑士厅、统帅厅和白厅等。拉齐维沃宫的后花园景色宜人，顺阶梯而下，可达维斯瓦河岸边。历史上这里曾是波兰和立陶宛王公贵族聚会的好地方，常年不断地举行戏剧演出、音乐会和舞会。厅内设有国王包厢，专供波兰最后一位国王波尼亚托夫斯基御用。

见证了历史

350年来，拉齐维沃宫见证了许多重大的历史事件。天才音乐家肖邦的首

次公演，就在这里，那是1818年，肖邦时年8岁。杰出画家马代伊科的著名作品《格隆瓦尔德大会战》的第一次公开展出，也是在这里，那是1879年。

如果说现代，这里发生的大事，不但对波兰，而且对欧洲乃至世界，都有着重要的影响。例如（一）二战后东西方冷战，出现了北大西洋公约和华沙条约两大军事集团的对峙，华沙条约就是1955年在这里签署的。（二）波兰和联邦德国长期紧张对立，1970年两国在这里签订了"关系正常化基础条约"，联邦德国承认波兰西部边界的不可侵犯性，波德关系开始走向缓和。（三）1989年2月至4月，波兰朝野两大势力在这里举行圆桌会议，达成协议，从而打开了波兰和东欧剧变、苏联解体的大门。

1989年圆桌会议

国殇之时

2010年4月10日总统府门前国殇之夜

1994年，波兰共和国总统瓦文萨迁居拉齐维沃宫。拉齐维沃宫正式成为总统府。其后，克瓦希涅夫斯基总统在这里执政十年，签署了新宪法，签署了波兰加入北约和欧盟的批准书。其后，莱赫·卡钦斯基入主总统府，不幸于2010年4月10日，在斯摩棱斯克空难中机毁人亡。

斯摩棱斯克空难后，总统府门前立即变成烛光和鲜花的海洋，这是成千上万的波兰人，抛开了平日的恩怨和歧见，因悲痛而走到一起，向总统夫妇等96位罹难者表示哀悼，显示出困难时刻民族的团结一致。为纪念这一壮举，总统府在其左侧楼的山墙上，在肖邦牌匾之侧，增加了一块纪念牌匾，铭记"在举行国殇的日子里，众多的波兰人因悲痛和关心国家命运而团结在一起，集合在童子军竖立的十字架旁"。

国王之侄的风采
——约·波尼亚托夫斯基青铜骑士像

华沙的国王之路，从王宫广场开始，经几条著名的街道，向南可延伸到夏宫。街道两侧的建筑，各有独特的魅力和难忘的故事。

在总统府大门前，立有约·波尼亚托夫斯基大公跃马挥刀的纪念碑，这是波兰的青铜骑士像，引人瞩目。

总统府前的波尼亚托夫斯基大公纪念碑

戎马倥偬的大公骑士

约·波尼亚托夫斯基（1763—1813）大公，系波兰末代国王之侄，历史上著名的将领。他拥护《五三宪法》，1791年率军同俄军作战，反对俄国的武装干涉。三次瓜分后，他流亡国外，希望靠法国来重整波兰破碎的河山。当时法国的拿破仑争霸欧洲，1807年成立了华沙公国。波尼亚托夫斯基担任华沙公国的国防部长；参加了法国对奥战争和对俄战争。他指挥的第5兵团，由4万波兰士兵组成，随同拿破仑大军一道进入莫斯科，后又一道败退。1813年，拿破仑重整旗鼓，在莱比锡同俄奥普联军进行决战，波尼亚托夫斯基参与战斗，不幸阵亡，是时任法国元帅。

几经波折的铜像归宿

随着拿破仑的失败，华沙公国消失了，波兰王国开始处于沙皇的统治之下。波兰社会怀念约·波尼亚托夫斯基，提出为他树碑纪念的倡议，获得沙皇的恩准。波兰贵族人士随即邀请丹麦的艺术家为之设计和铸造了纪念铜像。1834年波尼亚托夫斯基青铜骑士像运到华沙附近的莫德林。但此时的沙皇却收回成命，不准树碑，理由是对波兰1830年的十一月反俄起义进行制裁。

波尼亚托夫斯基画像

后来，沙皇把铜像赐给波兰王国总督帕斯凯维奇。帕斯凯维奇又把铜像运至他的老家——白俄罗斯的霍木耳装点园林。1922年，苏俄向波兰归还沙皇掠夺的文物，这尊铜像又返回波兰，树立在萨克森宫前。二战期间被德军炸毁。二战后，波兰按照丹麦政府赠送的原始模型，重塑了这尊铜像，置于瓦金基公园不引人注目的老植物馆院内，直至1965年始移至拉齐维沃宫前。历史沧桑的足迹依稀可见，好在这位青铜骑士的英姿不减当年。

密茨凯维支：不朽的诗人丰碑

波兰历代的优秀儿女，为了国家和民族，奉献出自己的一切。他们的后人怀着无限的景仰和尊重，在华沙的国王之路，为他们树立了不朽的丰碑。

高耸的诗人纪念碑

诗人密茨凯维支的纪念碑，屹立在克拉科夫郊外大街街心。诗人的全身立像，用青铜铸成，高4.5米，站立在大理石基座上。只见诗人右手按在胸前，似在用跳动的心脏和沸腾的热血，朗诵那充满激情的诗文，呼唤人们的爱国主义热情和觉醒。这座纪念碑，建于1898年诗人百岁华诞之时，由于沙皇当局的反对，揭幕式非常简短，只演奏了片断的乐曲，而无人致辞。二战时纪念碑被毁，青铜像被拆卸运往德国。二战后在汉堡找到了青铜像的头颅和部分肢体。1950年修复，并举行隆重的落成典礼。

1798年12月24日，密茨凯维支在诺沃格鲁德克郊区一位波兰小贵族的庄园呱呱坠地。1815年进入维尔诺大学。1823年遭沙俄当局逮捕，翌年被判处流刑。从此之后，他漂泊异乡，1829年流亡西欧。1830年十一月起义时，他试图回国，但因起义失败而不得不停下脚步。尔后，他在巴黎主编法文《人民论坛》报，为波兰和欧洲各国人民的自由而摇旗呐喊。1855年他企图利用俄土战争之机，在土耳其组织军队去攻打沙俄，不幸于当年11月26日在君士坦丁堡染病逝世。1890年，他的灵柩从法国返回波兰，安葬在克拉科夫瓦维尔大教堂波兰国王陵寝之侧。

波兰文学的高峰

从青年时期开始，诗人心灵中的亡国痛苦和对自由的渴望，即已演化为反抗和呐喊的激情。他以诗文为武器，积极投入反对沙皇专制的斗争。1820年他发表了著名的长诗《青春颂》，号召青年团结奋起，迎接“自由的晨曦”。他的创作开创了波兰文学光辉的浪漫主义时代。代表作有《塔杜施先生》、《先人祭》等。

鲁迅先生高度评价密茨凯维支，称他“是波兰在异族压迫之下的时代的诗人，所鼓吹的是复仇，所希求的是解放”。说他的诗“……清澈弘厉，万感悉至……虽至今日，而影响于波兰人之心者，力犹无限”。鲁迅还认为，密茨凯维支和普希金“同为斯拉夫文章首领”，但两人不同之处在于普希金“失其英年时之主义”，而密茨凯维支则“长此保持”，“仪的如是，一决无疑贰也”。

群贤毕至的纪念碑们

距密茨凯维支纪念碑不远，在斯塔希茨宫门前的小广场上，耸立着伟大的天文学家哥白尼的纪念碑。这座纪念碑于1830年落成，二战时险些被占领者化为铜水，战后重建。2007年用乌克兰的红色大理石铺设纪念碑的地面，并用中国的浅色大理石镶嵌出太阳系天体运行图。哥白尼青铜坐像高2.8米。他左手高擎天文仪，右手拿着量尺，似在宣示，地球是围绕太阳旋转的。基座两侧刻有拉丁文：“尼柯拉伊·哥白尼，

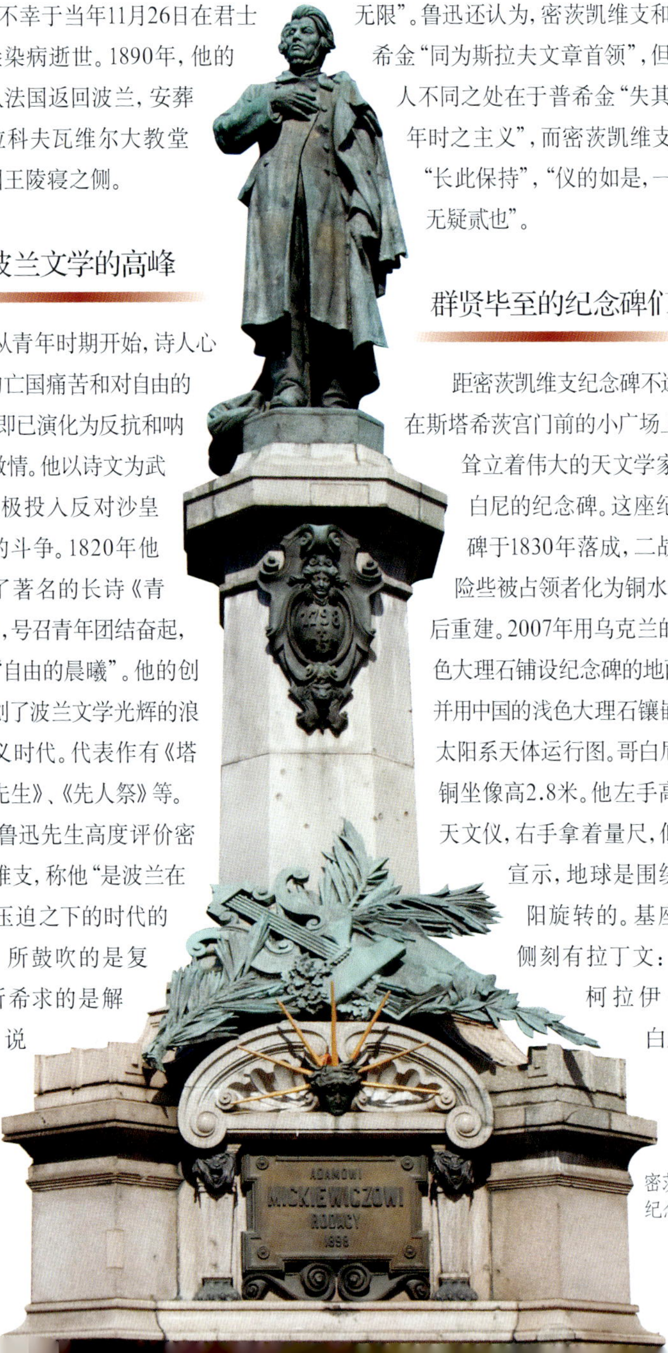

密茨凯维支纪念碑

祖国感谢你！”和“献给尼柯拉伊·哥白尼”，落款是充满亲情和骄傲的三个字“同胞们”。

波兰伟大的音乐家肖邦的纪念碑，树立在乌亚兹多夫街旁瓦金基公园中。

此外，在国王之路上占有一席之地的，还有作家普鲁斯、千年大主教维辛斯基等人的塑像。

哥白尼纪念碑

“因无名而伟大”——无名战士墓的今昔

无名战士墓坐落在萨斯基绿地之东、毕苏茨基广场西侧，与总统府隔街相望。

纪念无名亡灵

无名战士墓始建于1925年，是为一战期间牺牲的战士建立的纪念碑式的灵寝。当时萨斯基宫是波军总参谋部驻地，萨斯基宫的柱廊被选为墓址。这一倡议，由时任政府军事部长的西科尔斯基将军提出，得到总统的支持。

无名战士墓一角

既然是墓，这里确实安葬了一位战士的遗体。这位战士的姓名无人知晓。根据当时制定的规则和程序，以抽签的方式，先在15处军人墓地中筛选出利沃夫军人墓地，然后在利沃夫军人墓地中发掘出几位战士的遗体，经法医鉴别后，其中一位年仅14岁的小战士获得了殊荣。1925年11月1日，一趟专列从利沃夫火车站出发，由波军军官护送这位战士的遗体至华沙。第二天，在华沙举行了隆重的安葬仪式，总统和各部部长出席，鸣礼炮24响。送葬的队伍有军有民，威武严肃，浩浩荡荡。显然，人人知道，这里安葬的与其说是一位无名战士，莫如说是成千上万的民族英雄的亡灵。当时人们唱着这样的圣歌：“你是谁？我不知道。……你的伟大，恰恰就在于你是无名！”“民族永恒的战斗英灵，是你！你的名字就叫勇敢。民族理想的不朽力量，是你！你的名字就叫奉献。民族精神的无坚不摧的独立，是你！你的名字就叫自由。”

神圣的纪念地

第二次世界大战时萨斯基宫毁于战火。战后立即决定重建无名战士墓，纪念一战和二战期间为国捐躯的战士。重建的无名战士墓于1946年5月8日举行了落成典礼，并点燃了直至今日永不熄灭的圣火。

块黑色的大理石墓石，上面镌刻着金色的大字：“为国捐躯的波兰战士长眠于此。”墓石上端，燃烧着永不熄灭的圣火。墓石的四周，有四个铜器，里面存放着波兰军队曾经浴血奋战的各个战场的泥土。廊柱上镶嵌着大理石碑文，记载波兰军队参加过的历次战役的时间和地点。

1989年后，无名战士墓纪念的范围进一步扩大，由纪念两次世界大战时期牺牲的将士，上溯到比亚斯特王朝以来历朝历代为国捐躯的英烈。廊柱上的碑文因之增加为18块，其中记载的日期是，陆军为公元972年至1945年，海军为1627年至1945年，空军为1918年至1945年。

无名战士墓是波兰人心目中最神圣的地方。波军战士不分昼夜，长年无

无名战士墓

重建的无名战士墓，巧妙地利用了萨克森宫的残垣断壁，可以说，它既将战争的残酷见证于外，又将神圣的肃穆藏于其中。只见墓的正中心，平卧着一

间断地值勤站岗。每一小时换岗一次。每星期日中午的换岗仪式更为隆重。国家的重大节日或重大的纪念日，均在无名战士墓前举行盛大的活动，由国家领

导人率众敬献花圈，举行阅兵式和群众游行。外国国家元首和政府首脑访问波兰，以及外国驻波兰使节上任时，向无名战士墓敬献花圈，是必做的礼仪安排。

瓦金基公园——华沙的绿色心脏

生机盎然的瓦金基公园

童话般的最美公园

瓦金基公园是波兰首都最美的公园，它位于华沙市中心，被誉为华沙的绿色的心脏。

走进瓦金基公园，犹如走进童话般的世界。在沙石铺砌的小路上，突然从树上跳下一只金黄色的松鼠，立于路旁，向你作揖，礼拜，好像在欢迎远方来的客人。这时如若扔给它一枚坚果，它会迅速地用两只前爪紧紧抱住，欢天喜地地跳跃着，躲进路边的绿茵中，美美地品尝一番。华沙人十分喜爱这聪明美丽的小精灵，用小姑娘的名字为它命名，亲切地叫它：巴夏，或巴西卡。

波兰文“瓦金基”译成中文是“澡盆”，或“浴室”。但到过华沙的中国人不约而同地将瓦金基公园称为“肖邦公园”。因为肖邦塑像是瓦金基公园中突出的一景。

肖邦塑像

肖邦是波兰的音乐家，伟大的爱国主义者。他的名字早已蜚声中国。他在瓦金基公园中的塑像，始建于1926年，是著名的雕塑家瓦茨瓦夫·希曼诺夫斯基的作品。这座高大的塑像，留给人的印象极深。只见肖邦坐在树下，表情严肃，似在弹琴，又似在沉思、遐想。他背

肖邦纪念碑

肖邦纪念碑局部

后的大树在狂风中摇曳，像一只充满力量的正在弹琴的巨手。站在塑像前，仿佛听到阵阵风声，听到惊天地泣鬼神的音响。人们情不自禁地赞叹，啊，这一切都来自肖邦，都是肖邦手中的风雷！

瓦金基公园的设计和规划极具匠心，亭台楼阁错落有致，隐藏在绿阴之中；大道小径状似蛛网，向四周放射和交织。这里的小溪演奏着淙淙流水的乐章，池水和湖水保持着弯曲的岸边，因其形态自然而更优美。绿油油的草坪，高大奇异的树木，同一幢幢散落其间的巴洛克式的、洛可可式的宫廷建筑融合在一起，构成了18世纪欧洲最美丽的宫廷园林之一。波兰人说，这里的景色和风光，不是田园，却胜似田园。

与历史的因缘巧合

历史常常有惊人的巧合。瓦金基的建园史就是如此。殊不知这座园林建成之日，就是波兰亡国之时。

瓦金基原系卢鲍米尔斯基的房产。1764年，波兰末代国王波尼亚托夫斯基即位后，选中了这块地方，想在这里建造王室的别墅。于是他购买了这块地产，并邀请名师，按照法国园林风格，进行设计和扩建。从1766年开始大兴土木，至1795年方始竣工，历时30年。首先把卢鲍米尔斯基的浴室扩建为水上宫殿，继而建成意大利别墅式的白宫和梅希里维茨基宫，后又建成游乐厅以及露天剧场等。

园林建成了，恰恰在同一年，波兰遭到第三次瓜分，亡国了。又三年，波兰末代国王逝世，他的后人将瓦金基出售给俄国沙皇兼波兰王国国王亚历山大一世。

水上宫殿和贝尔维德尔宫

建筑艺术的珍品水上宫殿

水上宫殿，是瓦金基公园的中心和精华，蜚声世界，堪称欧洲建筑艺术宝库中的又一珍品。

宫殿的主体建筑位于小小的岛上，

俯瞰水上宫殿

两侧的厅室则建筑在小岛左右两条河道的外侧岸边，通过石头桥同主体建筑连成一体。

水上宫殿的石头桥

水上宫殿由原来的浴室改建和扩建而成。先后有八位建筑大师参与改建和扩建的设计和规划。改建和扩建后的每一个房间，尽管高度各不相同，但却天衣无缝地结为一个整体。

主体建筑的正面立着四座雕像，象征着一年四季。在大门口的上端，刻有一段用拉丁文书写的欢迎辞，大意是：

本　宫

痛恨烦恼，喜爱和平，

乐赐沐浴，倡导村风，

忠诚之人，是我宾朋。

水上宫殿的第一层有浴室、更衣室、舞厅、肖像厅、绘画厅和圆顶大厅等厅室。从整体看，建筑风格是波兰古典主义，但留有巴洛克建筑的痕迹，在浴室和更衣室四周墙上，镶有荷兰瓷砖和神话故事的浮雕。从舞厅开始，波兰古典主义建筑风格更为突出。舞厅，因其光线充足又称为白厅，这里陈设着波兰末代国王1793年从意大利定做的古希腊雕像的复制品。坐落在一条中轴线上的还有肖像厅、索罗门厅和绘画厅。这里曾密密麻麻地陈列着末代国王收藏的名人油画，近2500幅。圆顶大厅是各厅室的中心，原建有喷泉，后改为英灵厅，陈列波兰历代国王的塑像和罗马皇帝的胸像。

水上宫殿的第二层，是末代国王的卧室和起居室，也是探寻这位国王生活轨迹的好去处。

见证历史的贝尔维德尔宫

在瓦金基公园西南角的高冈上，有一幢白色的庄重典雅的宫殿式建筑，就是波兰的贝尔维德尔宫。这幢建筑的名称，来自意大利文的belveder，意为“美景”。始建于18世纪30年代。1817年沙皇把它改建成为康士坦丁大公的官邸。1918年波兰国家复兴，成为波兰总统的官邸，因此人们过去又习惯地称它为总统府。

贝尔维德尔宫（Ray Zhang摄）

贝尔维德尔宫会客厅

贝尔维德尔宫同瓦金基公园是不可分割的一个整体，如果说瓦金基公园是它的“后花园”，恐怕也不过分。

说到贝尔维德尔宫的沧桑，波兰朋友常常讲起康士坦丁是如何狼狈地逃离了贝尔维德尔宫的故事。康士坦丁大公代表沙皇坐镇波兰，他呼风唤雨，不可一世。1830年11月29日，在法国和比利时革命的影响下，波兰一批由贵族出身的青年军官和学生发动了反俄起义，史称“十一月起义”。起义者率领军队冲向贝尔维德尔宫。康士坦丁见势不妙，急忙男扮女装，身着长裙，头蒙纱巾，在夜色朦胧和混乱中逃走，躲过了落网之劫。11月30日起义者解放华沙。翌年1月宣布波兰独立，成立了波兰民族政府。十个月后，起义虽然又被沙皇用武力镇压了，但康士坦丁却丧身军旅，再也没回到贝尔维德尔宫。

如果说现代的故事，人们会不由地想到1956年发生的震惊世界的波兰“十月事件”。著名的10月19日波苏会谈，就是在贝尔维德尔宫举行的。

瓦金基公园和中美大使级会谈

中美大使会谈地

梅希里维茨基宫，在新中国的外交史上赫赫有名。它位于瓦金基公园东侧的茂密的林木中。历时15年的中美大使级会谈有12年就是在这里进行的。

中美大使级会谈正式开始于1955年8月，先在日内瓦，历经三年之后，于1958年9月移至华沙。中方曾建议美方轮流在双方大使馆进行会谈，美方不表同意，担心这样做会给外界造成一种印象，似乎美国已在某种形式上承认了新中国。后来，中方请波兰政府帮助提供会谈场所，波方欣然同意，提供了梅希里维茨基宫，美方不表异议。

梅希里维茨基宫是洛可可式和早期古典主义建筑艺术的混合体。造型完美，线条明快。有扇形的两翼和效仿中国建筑风格的屋顶。花神和风神塑像镇守在大门两侧。把中美大使级会谈安排在瓦金基公园中比较清静的角落，这确是波兰政府的善意的选择。

正是在这座梅希里维茨基宫，我国王炳南大使同美国大使从1958年至1964年谈了6年，谈到第120次。尔后，从121次会谈开始，王国权大使又继续同美国大使会谈。1970年后，由于中美之间建立了新的沟通渠道，中美大使级会谈不再进行。梅希里维茨基宫完成了它见证中美大使级华沙会谈的历史使命。

梅希里维茨基宫

难忘的外交舞台

王炳南大使是中美大使级会谈我方第一任首席代表。他早年留学日本和德国，是中国外交界的老前辈。建国前他曾在中共驻南京代表团工作，建国后他协助周恩来总理组建外交部，历任领导职务。1955年4月他出任中国驻波兰大使，数月后兼任中美大使级会谈中方首席代表。他先后在日内瓦和华沙同三位美国大使——约翰逊、比姆和卡伯特，唇枪舌剑地谈了9年，直至1964年奉调回国。如果说在众多的中国人中，王炳南对梅希里维茨基宫有着特殊的情感，恐怕是不过分的，因为这里恰恰是他施展外交才华的战场和舞台。

1984年春，王炳南以中国人民对外友好协会会长身份访问波兰，他特地抽空到梅希里维茨基宫旧地重游，回忆起那历历在目的往事。他对我们说，当时中美两个大国互不承认，没有外交关系，但双方能互派大使进行长期会谈，保持会谈关系，这就使中美双方在严重对立的情况下，有了一个相互沟通和联系的渠道。中美大使级会谈总共进行了136次，双方接触之频繁，甚至超过了同某些有外交关系的国家的联系。双方还创造了协议声明的新写法，就是在同一文件中采取“你讲你的，我讲我的”内容和形式，这在国际关系史上也是前所未有的。中美大使级会谈是新中国外交在特定条件下的一种独创，是在毛主席和周总理的直接领导下进行的一场外交斗争。

维拉诺夫和国王索别斯基

维拉诺夫（夏宫）

文治武功的索别斯基

沿贝尔维德尔大街南行，逐渐地远离市区，道路两侧出现了森林和草地，村舍和农田，远处则出现了维拉诺夫的身影。

维拉诺夫的历史可追溯到1677年。当时波兰国王扬三世·索别斯基（1674–1696年在位）购买了这里的庄园及其周围的林木。他请来能工巧匠，把原有的小小院落扩建成一幢意大利式的别墅，并营造出一座美丽的花园。当时宫内的装饰和摆设以及许多油画，凸现索别斯基国王的文治武功，赞美王后玛丽辛卡的美德，特别颂扬索别斯基在维也纳解围战中的胜利。在波兰历史上，索别斯基是一位卓越的军事统帅，他获得王位之前，经历过25年的戎马生涯，先后同哥萨克、鞑靼、瑞典、俄罗斯和土耳其人打过仗，积累了丰富的战争经验，为他在1674年当选为波兰国王铺平了道路。

索别斯基纪念碑

维也纳解围战的胜利，对17世纪末叶欧洲历史发展影响深远。它挫败了土军的锐气，阻止了奥斯曼帝国的扩张，它挽救了西方两百年来辛勤努力所获得的文明遗产，同时它还促进了巴尔干各民族反土的民族解放运动的发展。

波兰人喜欢索别斯基这位国王，在华沙，在格但斯克，在克拉科夫，都能看到后人为他树立的纪念碑，看到他威风凛凛，驰骋疆场的形象。

维拉诺夫——“波兰的小凡尔赛宫”

维拉诺夫曾是波兰国王的别墅，因此人们也称它为夏宫。它风韵似诗，美景如画，有波兰的小凡尔赛宫的美誉。索别斯基长期住在夏宫，1696年在这里与世长辞。

国王索别斯基逝世后，维拉诺夫几易其主。18世纪时，维拉诺夫为波托茨基家族所有。他们对维拉诺夫的发展贡献多多，其中尤以科斯特卡·波托茨基为最。

夏宫

科斯特卡·波托茨基是波兰启蒙时代的议员、政论家、收藏家。他爱好艺术和考古，搜集了索别斯基的遗物、古玩和油画，于1805年建画廊，并公开展出。展厅入口的地面上有一行醒目的大字："人人均可自由入内"，反映出科斯特卡热爱自由平等的进步思想。科斯特卡夫妇逝世后，他们的儿子为双亲修建了一座新哥特式的坟墓，现已成为维拉诺夫景观之一。

19世纪末，维拉诺夫转归布拉尼茨基家族所有，直至1945年。二战期间，维拉诺夫一度成为德军医院和军官俱乐部。艺术珍品被掠夺一空，但整个建筑物幸免于炮火。战后，维拉诺夫收归国有，1954年着手修葺，至1969年方始完工。被劫掠的文物也陆续收回，维拉诺夫成为国家博物馆分馆。

维拉诺夫珍藏着许多艺术瑰宝。在装饰豪华的国王办公室和起居室里，可以看到17、18、19世纪的壁炉、家具、手工艺品和绘画。在北侧楼的画廊中，可以看到从16世纪到19世纪波托茨基家族成员和波兰历代名人的肖像画。这些画作，时跨两三个世纪，从人物的不同服饰、不同发型和背景中，不难发现油画技巧的发展和民风民俗的变化。

维拉诺夫的历代主人都表现出对

宴会大厅

后花园

中国艺术的喜好。宫中专门布置了一个“中国厅”，陈设索别斯基国王收藏的中国明清时代的陶瓷器和其他文物及艺术品。在“英式花园”的林木中，建有一座中国凉亭。南侧的一片园林，称之为“浪漫的英国-中国花园”。

中国凉亭

维拉诺夫的园林布局集英、法风格于一体。后花园分上下双层，位于宫殿与湖岸之间。上下层间建有隔墙。隔墙的每一个石柱上，都雕有顽童，他们千姿百态，各具特色。其中一对揪着头发厮打在一起的男童，形象逼真，表情憨厚，招人喜爱。在“意大利-法国式花园”中，经人工修剪的树木、花草，呈几何图形，东西对称，南北呼应。水池中央有一个昂首吹号的女童雕像，高高的水柱从号角中喷出，直上云霄。维拉诺夫的园林景色，一年四季，各有不同，而春夏两季，尤其迷人。这时的一切，都沉浸在绿色的林木和万紫千红的花卉之中。

厮打的顽童

维拉诺夫宫殿建筑之精，园林布局之美，在华沙地区首屈一指。当局把维拉诺夫列为接待外国元首的国宾馆。

Tips

维拉诺夫(夏宫)开放时间

宫殿：9:30-14:30(周二及假日翌日休息)；

庭院：9:30-日落。

科学文化宫的来龙去脉

科学文化宫坐落在华沙市中心，是华沙市标志性建筑物。它由苏联著名的建筑大师鲁德涅夫设计，建成于1955年。

科学文化宫

波苏关系的标志性建筑

为了体现“社会主义内容和民族形式相结合”的设计思想，鲁德涅夫曾率领设计团队赴克拉科夫等地，考察波兰历代建筑的精华，研究波兰建筑风格和特点，并将其融化在科学文化宫的设计中。有专家认为，与同期在莫斯科建设的几座摩天大楼相比，科学文化宫有三点突出之处。第一，在同类型的建筑物中，科学文化宫最高，主楼42层，高234米，包括塔尖在内的总高度为270米。第二，造型匀称，整体和局部的比例关系最为协调。第三，从外部装饰和形式看，含有一定的波兰元素，融合了波兰民族建筑的特点。

在波苏关系中，科学文化宫具有某种象征意义，波兰人对科学文化宫的态度也有仁智之分。有人感谢苏联的友好赠予，有人则说“不得不接受”。有人欢迎它，说它美，有人排斥它，说它不美。科学文化宫原本以斯大林的名字命名，1956年波兰十月事件后，改为现名。1989年波兰剧变后，人们对科学文化宫的命运议论纷纷，有人主张保留，也有人主张拆掉。

议论归议论，实际归实际。迄今为止，科学文化宫依然是今日华沙乃至波兰全国唯一的最庞大和壮观的建筑物，依然是华沙城中人们登高望远的最佳选择。科学文化宫主楼第30层建有游廊，从这里眺望四周，华沙景色一览无余。

上演过政治和文化大戏

科学文化宫自建成之日起，特别是它的大会堂，上演过许许多多政治和文化大戏。我们记忆犹新的是，1957年1月周恩来总理访波时，华沙各界人士在大会堂举行了盛大的欢迎大会，周总理发表了热情洋溢的讲话，转达了中国人民对波兰人民的同情和支持。与会群众一睹中国总理的风采，欢呼声和掌声不断。

在中美关系史上，人们津津乐道的一个戏剧性的插曲，美国驻波兰大使寻找和追逐中国外交官的故事，就发生在科学文化宫。这件事发生的背景是，1968年1月，中美举行了第134次大使级会谈，此后因故搁浅，形同中断。这期间世界格局发生了重大变化，尼克松总统承认“无视中国是一项错误的政策”，表示愿在任何时候同中国恢复会谈。他要求美国驻波兰大使向中方传递信息，美国大使就把1969年12月在科学文化宫举行的南斯拉夫时装展览会，当作同中国外交官接触的良机。但美国大使不认识中国驻波使馆临时代办，展览会还未开始，他就东张西望寻找中国官员，展览会一结束，他就急急忙忙追了过来，向中国使馆的一位译员自报家门，一边走一边说他想会见中国代办，尼克松要同中国进行“重大的认真的会谈”。美国大使屈尊追逐中国译员，是不可忽视的动向。对此，北京迅速做出反应，一周之后，中美之间的华沙渠道恢复了，双方商定了第135次会谈的时间和地点。

Tips

科学文化宫

景点位置：位于华沙中央车站东侧的德斐拉达广场上。

开放时间：夏季9:00-18:00；冬季9:00-17:00。

热拉佐瓦沃拉——天才肖邦诞生的地方

肖邦，1810年2月22日，在波兰的热拉佐瓦沃拉来到了人间。

宁静的乡村，纪念的圣地

热拉佐瓦沃拉，是一个宁静的农村，位于华沙之西约50公里。一个多世纪以来，这里已经成为全世界肖邦音乐爱好者朝拜的圣地。

肖邦故居

热拉佐瓦沃拉庄园原归斯卡尔贝克伯爵夫人所有。肖邦的双亲同在庄园做事，母亲当女管家，父亲任家庭教师。多年后庄园早已凋落，重建的肖邦父母居住过的房舍，就是今日的肖邦故居。这是一座镶嵌在花木丛中的二层小楼，简朴颇似农舍，神圣犹如庙堂。肖邦在这里留下了童年、少年和青年的足迹。

小楼底层各个房间，陈列着有关肖邦父母和肖邦童年的一些文物。肖邦母亲卧室的门旁挂着一块牌子，说明"1810年2月22日，弗雷德里克·肖邦在此诞生"。这个说明使人们对肖邦出生确切日期的疑问和争议烟消云散了。在肖邦父亲的房间，墙上悬挂着肖邦8岁时画的斯卡尔贝克庄园的素描画。在孩子的房间，可以看到肖邦献给父母双亲的《g小调波洛奈兹》手稿（复印件），这是肖邦创作的第一首钢琴曲，当时他刚刚7岁。还可以看到肖邦献给启蒙老师的《A大调波洛奈兹》手稿（复印件），创作时他11岁。

肖邦自幼就显示出超人的天赋。他常常倾听和模仿母亲弹奏钢琴，有一天晚上，他以儿童特有的好奇、冲动和执拗，悄悄地坐在钢琴前，弹出了母亲白天弹过的乐曲。悠扬的琴声，令他的双亲惊喜不已。

在音乐厅，墙壁上悬挂着法国著名的浪漫主义画家德拉克洛瓦（1798–1863年）创作的肖邦画像。厅的一角摆放着一架由旅美波侨赠送的大钢琴。透过窗户可以看到花间树下一排排的长条凳。每年夏季在规定的日期，波兰国内外著名的钢琴家纷纷来此演奏肖邦乐曲，供游人尽情欣赏。外国贵宾来访时，则在厅内临时摆放座椅，安排专场演奏。

肖邦像

热爱祖国的音乐家

1830年，肖邦20岁，他怀中揣着一抔祖国的泥土，离开了双亲和可爱的祖国大地。他到达维也纳6天后，十一月起义爆发了。沙皇俄国镇压了起义，从而也关闭了肖邦返回华沙的大门。肖邦在维也纳、斯图加特和巴黎，度过了短暂的一生。在巴黎，他同法国女作家乔治·桑在一起生活了十年。这十年成为肖邦创作丰收的十年。1849年10月17日，一代音乐天才夭折，年仅39岁。

肖邦生活在波兰爱国者争取独立和自由，掀起民族解放运动的时代。他的作品生动地反映了波兰民族和国家的灾难、奋斗和抗争。诚如德国音乐家舒曼所言，肖邦的音乐是名副其实的"隐藏在花丛中的炮火"。

肖邦的创作来自生活，高于生活。他的一系列的马祖尔舞曲，是波兰农村

安放肖邦心脏的石龛

见闻的升华，是波兰农村生活的声学文献。肖邦，这位伟大的天才，以其独特的艺术才华和音乐征服了全世界。

肖邦逝世后，他身葬巴黎，心归故里。从华沙带来的伴随他漂泊他乡19年的故乡泥土，撒进了他在巴黎拉雪兹神父公墓中的墓穴，"一抔净土掩风流"。他的心脏，则由他的姐姐偷偷地护送回到华沙，多年后安放在华沙圣十字大教堂的墙龛中，实现了肖邦的遗愿：他的心同祖国永不分离。

全民抗敌，千古流芳
——迟建的华沙起义纪念碑

40年后的迟建

华沙起义纪念碑建在克拉辛斯基广场东侧，距离中国驻波使馆大约有二三百米之遥。这座纪念碑是一组群雕，用200余吨青铜铸成，生动地展现出起义者奋战的历史画面。群雕的主体部分是华沙人民从废墟中奋起冲向敌人。这废墟的形状颇似波兰地图的几何图形，似有波兰人奋起于大厦将倾之日的寓意。群雕的另一部分，是起义者进出下水道井口的情景。下水道是起义者彼此相互联络，以及转移和撤离的地下交通要道。这座纪念碑，经长期酝酿和社会集资，于1989年落成。

同1948年建成的犹太人起义纪念

华沙起义纪念碑（Ray Zhang摄）

碑相比，华沙起义纪念碑的建立滞后了40多年。人们会提出一个疑问，同是纪念反德起义的壮举，为什么会出现这么长的时间差距呢？

简单的回答就是，在相当长的时间里，人们对华沙起义的看法有争议。肯定和否定，针锋相对。执政当局对起义持否定态度，直到1956年才开始有所转变。争议的焦点，就是二战胜利的果实，在波兰应由哪一方来摘取。

往事值得铭记

1944年，德军节节败退，苏军已胜利挺进波兰，华沙的解放指日可待。在苏联的扶植和支持下，波兰民族解放委员会于1944年7月发表宣言，组建新的政府，准备接管全国政权，建立一个与苏结盟的波兰国家。

与此同时，西方则支持波兰在伦敦的流亡政府。当苏军和在苏组建的波兰第一军逼近华沙时，流亡政府驻国内代表处和它的武装力量国家军，选择了这一关键时刻，于1944年8月1日，发动了起义。他们事先未同苏军联系，试图抢先“在俄国人进城之前”解放华沙，以便以

纪念碑（牺牲者25万人）

“主人”的身份迎接苏军，迫使苏联接受既成事实，为流亡政府接管政权创造条件。

对这次起义，斯大林断定是一次冒险。他在给丘吉尔的信中明确指出，起义“是一个轻率的、骇人的冒险举动”，他声明“苏军统帅部同华沙的冒险行为无关”。斯大林还说起义的策划者和组织者是“一帮罪犯”，他们为了夺取政权，不惜“把赤手空拳的人民推向德国大炮、坦克和飞机的虎口”。8月3日，苏军的先头部队以前进受阻为由，停止进攻。

德国调动了8个师的兵力实施疯狂的镇压。波军第一军的部队曾试图强渡维斯瓦河支援起义者，苏联和英美先后曾向起义者空投武器和物资，但杯水车薪，无济于事。经过63天的苦战，起义失败了。10月2日，向德军投降。在为时两个月的战斗中，起义者损失惨重，士兵阵亡2.5万余人，平民死亡18万人，支援起义的波军第一军官兵阵亡3700余人。此外，有35万人被押往德国做苦工，有1.2万人被送进奥斯威辛集中营。华沙80%的建筑被德军有计划地焚烧和炸毁，华沙市化为一片废墟。

起义虽然失败了。但华沙人民同仇敌忾，纷纷响应起义的号召，包括波兰工人党组织及其领导的武装力量也接受国家军的指挥投入战斗，形成了全民族的抗敌起义的壮举。随着时间的推移，人们对起义的争议趋于平息，而对起义的壮举给予充分的肯定，达成了建立纪念碑的共识，这正是：英勇牺牲，可歌可泣；全民抗敌，千古流芳。

二战纪念碑（牺牲者波兰600万人，华沙80万人）

碑前一跪泯千仇
——犹太人起义纪念碑的见证

民族苦难和尊严的见证

犹太人起义纪念碑（局部）

华沙犹太人起义纪念碑坐落在以英雄阿涅莱维奇命名的街边。阿涅莱维奇是1943年4月19日华沙犹太人起义的领导者，当德国纳粹攻占了起义指挥中心时，他宁为玉碎，不为瓦全，用留下的最后一颗子弹，结束了自己的生命，显示出一个民族不可侮辱和不可欺凌的高贵的尊严。应该说，华沙犹太人起义纪念碑就是用这种高贵的民族尊严，用数以万计的牺牲者的热泪和鲜血铸造的。它从1948年4月19日，即起义5周年落成之日始，就高高地耸立在华沙犹太区的废墟上，记载着民族的苦难、悲愤和抗争。

二战期间，德国纳粹在这里修建起3米高的围墙，将45万犹太人集中在一片狭小的街区，称之为犹太区，实行种族灭绝政策。他们日复一日地从这里将犹太人用火车押送到奥斯威辛等地的集中营，不分男女老幼，实施集体屠杀。而当无辜的人们奋起抗争时，他们又血腥地镇压了起义。

波德关系转化的见证人

如今犹太区的废墟早已不见踪影，代之以开阔的广场和宁静的草坪。与此同时，波德两国关系也翻开了新的一页，由仇视和对抗转为友好和合作。世界上许多人都知道，恰恰是犹太人起义纪念碑，成为波德关系转化的见证人。从联邦德国总理勃兰特跪拜请罪之日起，这座纪念碑向世人诉说的，不仅有德国侵略者的残暴和屠杀，而且还有战后德国的忏悔和认罪。

1970年12月7日，二战后联邦德国总理首次访问波兰。在华沙，勃兰特总理做了两件大事。

一是他同波兰总理签署《两国关系正常化基础条约》，开辟了联邦德国和波兰关系新的发展阶段。二是他在犹太人起义纪念碑前跪拜请罪。如果说这第一件事，从政治和法律层面上开始解决了两国间历史遗留的边界和领土纠纷，它引起世界各国的瞩目，那么这第二件事，则从道义和感情的层面上开始抚平了波兰人心底的历史伤痕，它震撼了世界各国人民的心灵——碑前一跪泯千仇！

这一天，寒风凛冽，勃兰特按日程安排，前往华沙犹太人起义纪念碑敬献花圈。当他缓步登上石阶时，映入眼帘的是栩栩如生的起义者的群像，是45万华沙犹太人的血和泪，绝望和反抗，仇恨和怒吼。他肃立在纪念碑前，低下了头颅。四周一片寂静，时间似乎凝固了。突然间他弯下身躯，双膝跪在冰冷的大理石上，向受害者忏悔，请罪。这一非比寻常的举动，使他的随行人员惊呆了，波方的陪同人员惊呆了，围观的人们也惊呆了。从惊呆中猛醒过来的摄影记者，急忙地用相机固定了这一具有划时代意义的历史瞬间。

精诚所至，金石为开。这一瞬间拉近了波兰和联邦德国两个国家和人民的距离，深深地铭刻在波兰和各国人民的记忆中，传为民族和解和世界和平的佳话，誉为千年欧洲最强烈的认罪表现。1971年勃兰特荣获诺贝尔和平奖。可以说这既是表彰这位为缓和欧洲紧张局势做出贡献的德国总理，也是肯定敢于直面历史进行深刻反省的德国人民。人们称赞这位德国总理以其智慧和勇气，语言和行动，为二战战败国的某些政要，树立了一个正确对待历史的榜样。

纪念碑

一跪泯千仇

GRUNWALD
P

3

We all live on the same planet

古都克拉科夫

“欧洲就在这里”

克拉科夫，波兰的古都，是波兰人民心目中的光荣和骄傲。一千年来，克拉科夫始终闪耀着文化、艺术和科学中心的光彩，其古城早已列入世界文化遗产名录。

你想了解欧洲吗？波兰朋友说，“这又何必舍近求远去巴黎、维也纳和罗马呢！就来克拉科夫吧，欧洲就在这里，就在克拉科夫！”

波兰朋友这样说，是不无道理的。

千年的文化和艺术中心

在中世纪，克拉科夫同布拉格、维也纳齐名，同是中欧地区的政治和文化中心。波兰一千多年以来连绵不断的历史和文化遗产，在克拉科夫随处可见。登上瓦维尔城堡和玛利亚教堂的塔顶，可以俯视克拉科夫的全貌。整齐的庭院，寂静的小街，宽大的广场，古色古香的楼阁，哥特式的、文艺复兴式的历历在目。生生不息的古都发展的脉搏，今天正在快速地跳动着。在这里，传统和现代，平凡和时尚巧妙地融合在一起。在这里，中世纪的古朴和雄伟，文艺复兴时期的乐观与向上，反对宗教改革的苦难和现代主义的疯狂，交相辉映，各自成趣。古老的克拉科夫雅盖隆大学蜚声世界，崭新的约翰·保罗二世中心拔地而起。在这里，有多少名人志士，有多少文学家、艺术家和科学家，波兰的，外

克拉科夫

水畔瓦维尔

国的，生活和奋斗，他们同成千上万的平凡百姓在一起，为克拉科夫的生存和发展做出了巨大的贡献。

民族灵魂的载体

克拉科夫是波兰人民历史和文化的一部百读不厌的大百科全书。波兰朋友说，克拉科夫的美丽，犹如孔雀的色彩斑斓的羽毛，克拉科夫的深邃，犹如波涛滚滚的大海。克拉科夫有一种特殊的魅力，那幽美的自然风光和古色古香的建筑，只不过是这种魅力的载体，而那在悠悠岁月中经过狂风骤雨洗礼之后形成的民族传统，民族文化和民族精神，才是这种魅力的灵魂。克拉科夫的过去，令人敬仰，克拉科夫的今日，引人注目。克拉科夫正焕发着青春。克拉科夫古老而年轻，永远是欢乐的，浪漫的，动人心弦的。

你想知道波兰人民的传统和心灵吗？你想了解波兰人民的伟大和力量吗？你想明白为什么“波兰属于欧洲”吗？波兰朋友深情地说：“请到我们的古都克拉科夫来吧。”

Tips

克拉科夫

位于波兰南部距离华沙约300公里的维斯瓦河畔，克拉科夫人口约70万，是波兰最大的文化、科学、艺术与旅游中心。从1320年起，克拉科夫成为国王的加冕地。二战期间，这里也是波兰最大的抵抗侵略中心之一。这里是波兰的古都，古迹集中，也是著名的旅游城市，每年游客达到200万人。

瓦维尔王宫
——波兰首屈一指的博物馆

昔日王宫，今日博物馆

到了克拉科夫，哪怕是走马观花，也要先去王宫所在地瓦维尔，先睹为快。

瓦维尔位于克拉科夫古城南缘，是一个由维斯瓦河水三面环绕的极其险要的石头山冈。山冈的东侧是国王城堡，北侧是教堂，西侧是过去的医院，围之以高大坚固的城墙，构成瓦维尔的整体。

走进国王城堡，只见一个不规则的五边形庭院，哥特式的长廊环绕周边，把高大的三层楼阁70多个厅室连结在一起。这里，昔日是波兰王权的中心，今天是波兰首屈一指的博物馆，内藏波兰历代统治者极其珍贵的纪念品和艺术品。

一把名为什切尔别茨的宝剑，是波兰历代国王举行加冕典礼时必用的礼器，堪称是瓦维尔博物馆中的镇馆之宝。

艺术珍品Arras挂毯

在诸多的艺术品中，瓦维尔的针织挂毯画是当今世界同类文物中的珍品。这是用羊毛、真丝、金线和银线编织的艺术挂毯，在14-15世纪时始见于法国的Arras市，故此种挂毯又名Arras。16世纪，波兰国王齐格蒙特·斯塔雷（1506—1548年在位）和齐格蒙特·奥古斯特（1548—1572年在位）根据瓦维尔宫各厅室的功能，提出了挂毯的内容、尺寸和形状，先后从安特卫普和布鲁塞尔定制和购买，计468幅。这些挂毯的内容大致可分为三类：一是圣经的故事，二是自然风光，三是王公贵族的家史。17世纪中叶雅盖沃王朝结束后，

瓦维尔王宫外景

艺术珍品Arras挂毯

挂毯收归国有。1795年波兰亡国，部分挂毯运至俄国圣彼得堡悬挂，直至上世纪20年代，始根据波俄里加条约归还波兰136件。此后，1939年希特勒发动战争，一些挂毯逃难他乡，经罗马尼亚，转至法国、英国和加拿大，直至1959年和1961年始返回老家瓦维尔。现今的收藏只剩下143幅。

众议员大厅的特有景观

在诸多的厅室中，众议员大厅是较大的厅室之一，最具特色。大厅深处，在覆盖着红色地毯的高台上摆放着国王的宝座。环墙壁的顶端，绘有芸芸众生从生到死的故事。墙上则悬挂着以自然风光和雅盖沃家族族徽为主题的巨大的挂毯画。令人惊叹的是，天花板的方格中饰有人物头像，形成整个大厅的特有的景观。原有头像194个，现仅幸存30个。这些人物形象各异，穿戴着不同的服饰和头饰，看得出有男有女，有贵族，有市民，有学生。人物表情生动活泼，有的笑，有的叫，有的愁眉苦脸，有的用布条紧紧地捆扎着嘴巴，好像是他要避免在国王面前遭到“言多必失”的恶果和厄运。

参议员大厅最大，是举行国家庆典的地方，也是举行戏剧演出和宫廷舞

国王宝座

方格人像天花板

会的场所。大厅周围悬挂5幅壁毯画，讲述着诺亚方舟的故事，从造船开始，到洪水袭来，到重返陆地，人与动物形象生动，逼真。

带来好运的波兰最大的铜钟

王宫北侧齐格蒙特塔上，悬挂着当时波兰最大的铜钟。此钟铸于1520年，钟身饰有波兰和立陶宛的国徽。钟重为10吨，高为1.99米，直径为2.424米。只有在国家和宗教重大节日时，方奏鸣此钟。钟声悠扬悦耳，在方圆50公里内缓缓回荡。民间传说，此钟同上帝关系不

铜钟

错，钟声一响，会显现出一种神威：驱散漫天的云雾，重现湛蓝的天空。可以想象，当钟声落入庭院和客厅之时，克拉科夫人是何等的自豪！民间传说，用手摸一摸此钟，会带来人生的好运：姑娘们不再愁嫁，少妇们幸福多多。

"睡梦之中，也要警惕！"——国王陵寝中的故事

国王陵寝

国王的起点和终点

在波兰诸多的教堂中，瓦维尔大教堂是波兰人心目中最为神圣的地方。波兰的历代国王在这里举行加冕大典，也多在这里的地下墓室永世长眠。他们"奉天承运"始于此，"落叶归根"终于此，这一始一终，意义非凡，它使克拉科夫作为古都的光辉和荣耀，并不因迁都华沙而褪色。

"睡梦之中，也要警惕！"

这是国王墓室入口处门楣上书写

的警世名言。这八个大字，令人感到一种莫名的震撼，也引发人们对波兰国家和民族命运的深思。

从古至今，波兰经历了强盛，衰落，亡国和复兴的轮回。这是一条崎岖坎坷和灾难深重的道路，它深深地印刻在波兰的民族意识中。波兰历代统治者对国家的兴亡有着切身的感受，正因为如此，他们在九泉之下也不敢高枕无忧了。

国王陵寝

国王大会的民间传说

不出所料，在国王墓室，波兰朋友讲了一个民间传说的国王大会的故事：

每年圣诞节的第一天，当齐格蒙特的钟声奏鸣的时候，在国王墓室就开始举行国王大会。参加者是从比亚斯特王朝，到雅盖沃王朝，直至选王时期的所有的波兰国王。主持者是历史上战功赫赫、奠定了波兰国家独立基础的、波兰第一位国王鲍莱斯瓦夫·赫劳布雷。这些长眠地下的君主们十分珍惜这一年一度的聚会，严肃认真地讨论波兰国家的前途和民族的命运。发言是热烈的，但结论是什么，谁也不知道。只知道在大会快要结束的时候，有一群骑士敲响了会议室的大门，请求晋见。他们是国王赫劳布雷部署在塔特拉山区的镇守边防的骑士，他们也是在这一天的钟声中苏醒过来，离开哨所，匆忙地前来瓦维尔听候国王们的吩咐。国王们接见了他们。主持大会的赫劳布雷同往年一样，只说了一句话：“我的骑士们，还不是时候！”于是骑士们施礼告退，重返山区哨所，继续镇守边疆。

“为什么波兰国王说‘还不是时候’，是指什么时候呢？”

听者感到不解其意，发出疑问。波兰朋友笑而未答，把想象的空间留给了他们的朋友。这可能是谁也说不清楚的波兰古都的神秘。

英雄和伟人的长眠之地

在国王陵寝之侧，波兰历史上杰出的民族英雄和伟人也有幸长眠于此。其中有：1794年抗俄民族起义的领导者科希秋什科将军，诗人密茨凯维支和斯洛瓦茨基。华沙公国国防部长、法国元帅约·波尼亚托夫斯基大公，他是1817年移葬瓦维尔的。一战后波兰国家复兴的

Puszysty smak

克拉科夫老城广场(Ray Zhang摄)

缔造者、国家元首毕苏茨基元帅，他的安葬仪式空前盛大隆重，25万人送葬，鸣礼炮101响，但他的心脏则安放在维尔诺他母亲的墓内。二战时波兰流亡政府总理西科尔斯基将军，1943年在直布罗陀海峡因飞机失事而牺牲，1993年移葬瓦维尔，飞机失事的原因已成为千古之谜。此外还有2010年4月斯摩棱斯克空难后，波兰总统莱·卡钦斯基夫妇。

英雄和伟人的长眠之地

克拉科夫瓦维尔大教堂的地下墓室，神圣肃穆。仔细观看，一些石棺和铁棺，雕刻精致，故事颇多。而在那些受到民众世代敬仰的国王、民族英雄和诗人的灵前，更是摆满了鲜花，常年不断。

中断片刻的号角曲
——玛利亚大教堂中的奇迹

一座外观宏伟的哥特式的大教堂，雄踞在克拉科夫古城市场的东北角，这就是闻名遐迩的克拉科夫玛利亚大教堂。

玛利亚圣坛

大教堂内的玛利亚圣坛，也称为维特·斯特沃日圣坛，是大雕刻家斯特沃日的传世杰作，已定为波兰的国宝。这是一组高大的木刻，高13米，宽11米。内雕200个人物像，大者身高3米，小者仅为3厘米，各有特征，栩栩如生。在中世纪后期的理念的影响下，斯特沃日创作的圣母玛利亚的形象，风格新颖，年轻和温柔。

大教堂外面南侧墙上，尚可看到固定在墙壁上的铁链和枷锁，这是中世纪司法制度的遗物。北侧墙上，镶有国王索别斯基驰骋疆场的青铜浮雕画，可见这

玛利亚圣坛的木刻（局部）

位打败土耳其十万雄兵的波兰国王在人们心目中占有何等荣耀的地位。

标志性的双塔

教堂标志性的双塔

与许多教堂建筑不同，玛利亚大教堂的双塔，高低不同，形体不同，成为克拉科夫古城的标志性的景观。

玛利亚教堂的高塔，又称号角塔，高81米。塔尖的造型犹如一顶巨大的王冠，建于1478年。低塔，又称钟塔，高69米，塔尖呈半球形如钟，建于1438年。人们从不同的角度解读双塔高低和外形不同的奥妙，有人说，从美学上看，这是一种不对称美。还有人说，这是一种象征，双塔是国王和王后的化身，他们俩屹立在那里，日夜守护着克拉科夫。

实际上这双塔的确在守护着克拉科夫。很早以前，高塔即归市政厅所有，作为古克拉科夫城的瞭望塔服务于城市的生活和防务。正是在这座高塔上，号手清晨的时候吹响号角曲，向市民报晓，而当发现敌情的时候，再吹起号角，提醒人们戒备。

据传说，13世纪初，鞑靼人入侵波兰，企图在夜色朦胧中偷袭克拉科夫。警惕的哨兵发现敌情后立即爬上高塔，吹响“海伊娜乌”号角曲。是时，鞑靼人已兵临城下，飞矢如雨。号手的咽喉中箭了，号声中断了……但片刻之后，奇迹发生，强忍伤痛的号手又继续吹响了“海伊娜乌”最后一个音节。英雄号手的英勇行为，留下了千古的佳话。

这片刻中断的“海伊娜乌”，被称作玛利亚号角曲，成为波兰民族传统文化的不可割的一部分。为了纪念英雄号手，每天都按时在玛利亚大教堂的高塔上吹响这片刻中断的“海伊娜乌”。只是在18世纪末和19世纪初，因市政财力匮乏而中止一段时间。1810年由社会集资，重新恢复此项活动。在克拉科夫古城市场，每隔一小时都会看到一名身着古装的号手，出现在玛利亚大教堂高塔窗前，吹响那人人熟悉和喜爱的玛利亚号

吹响号角曲

角曲。从1927年开始，波兰广播电台每天中午12时转播玛利亚“海伊娜乌”号角曲，向波兰全国报时。

当“海伊娜乌”中断的刹那，这突如其来的寂静，使人们陷入一种难以名状的惊讶和迷茫，而在继续吹响的余音中，人们会感受到传统文化中特有的感召力和凝聚力。

从纺织会馆说起
——古城市场和民族英雄科希秋什科

克拉科夫古城市场，是中世纪欧洲最大的古市场之一，长宽各200米，总面积4万平方米。与众不同之处，还在于市场中心建有巨大的纺织会馆。这座纺织会馆同瓦维尔王宫和玛利亚大教堂并驾齐驱，构成了克拉科夫的三大标志性建筑。

昔日贸易中心，今日文化场所

纺织会馆始建于14世纪初，经过几个世纪的风雨沧桑，经过重建、改建和扩建，终于形成今日的模样——一座长108米，宽18米，外观优美的文艺复兴式的建筑。而在城市发展的过程中，纺织会馆的作用也有过三部曲的变化。建馆之初及其后15和16世纪，是克拉科夫迅速发展和繁荣时期，纺织会馆成为克拉科夫商贸活动主要是纺织品交易活动的“堡垒”。当时曾有一个可以说是“雁过拔毛”的法令，规定凡路过克拉科夫的商旅，必须在克拉科夫批售一些商品，然后方可离开，向前行进。这个法令的目的是显而易见的，它活跃了克拉科夫的市场，有利于克拉科夫的商人。与此同时，纺织会馆也是举行重大活动的场所。进入19世纪，纺织会馆“升格”了，已不再是纺织品交易的中心，而成为高雅的文化活动场所。

外观优美的纺织会馆

名画《普鲁士的贡礼》

今日的纺织会馆，底层是商场。中央通道的两侧，店铺栉比，适应旅游发展的需要，出售各种民间手工艺品，有木刻、陶瓷、剪纸、藤编，以及色彩鲜艳的民族服装和金、银、琥珀等首饰。会馆的上层，是从1883年开始开放的波兰画廊，展出波兰名画家的作品，其中有扬·马代伊科的名作：《普鲁士的贡礼》和《战斗在拉茨瓦维采的科希秋什科》。

纺织会馆和玛利亚大教堂

民族英雄科希秋什科

科希秋什科(1746—1817)是波兰的民族英雄，早已名垂青史。1794年3月，他在克拉科夫组织反俄起义。他出任起义军的总司令，领导起义军在克拉科夫古城市场进行宣誓，尔后他率领起义军在克拉科夫附近的拉茨瓦维采，同沙俄军队打响了第一个战役，大获全胜。当你的目光离开这历史名画，回转头来，透过玻璃窗，看到了广场中熙熙攘攘的人群，片刻之间你仿佛是看到了当年科希秋什科率众宣誓的激动人心的场面。而那紧靠广场的一栋小楼又恰恰是当年科希秋什科的居所和指挥中心。这时，你会情不自禁地说，“啊，就是在这里。”

科希秋什科起义最终失败了。1795年波兰被第三次瓜分。科希秋什科被关押在圣彼得堡，后死于瑞士。科希秋什科魂归故里，他的骨灰安放在瓦维尔地下墓室。

科希秋什科山丘

科希秋什科不仅是波兰的民族英雄，而且是美国的民族英雄。他参加了美国的独立战争，作为一位将军，战功卓著。科希秋什科死后，波兰人民用各种不同的方式纪念他，表示爱戴和敬仰。1820—1823年，克拉科夫人采用社会集资，在克拉科夫附近建造一座土丘，高333米，象征他的坟墓，称为科希秋什科山丘。建山丘的泥土取自拉茨瓦维采以及美国等地科希秋什科曾经战斗过的战场。

今天的克拉科夫人常常携妇将雏，攀登科希秋什科山丘。他们这样做，可收到锻炼身心、缅怀英烈、教育后人一举三得之效。

“智慧高于力量”
——雅盖隆大学的光辉

波兰的第一所大学

雅盖隆大学是克拉科夫的最高学府，至今已有600余年的历史。雅大的校训是“智慧高于力量”，它镌刻在雅盖沃大厅门楣的上方。大学的成立与发展，同三位重视教育的开明君主密不可分。

雅盖隆大学校徽

第一位是伟大的卡吉米日三世（1333—1370年在位）。是他向教皇提出办学申请，并获得教皇的恩准。1364年5月12日他颁布了建校诏书，宣布波兰第一所大学的诞生。因之历史上也曾把克拉科夫的大学称为卡吉米日大学。在诏书中，卡吉米日说，他“祝愿学堂成为科学之明珠”，将“造就学识渊博、品德优秀、技艺精湛的贤才”；他“祝愿学堂成为清澈的知识之泉”，希望国内外的“一切渴求科学知识的人，均能来此畅饮知识的甘露”。此诏书逃过了战火的劫难，存留至今，成为珍贵的历史文献。

哥白尼像

第二位是女王雅德维加（1384—1399年在位）。第三位是瓦·雅盖沃（1386—1434年在位）。1386年女王雅德维加同立陶宛大公雅盖沃结婚，雅盖沃同时成为波兰国王，与女王共同执政。从此开创了延续近200年的雅盖沃王朝（1386—1572）。雅德维加女王逝世前立下遗嘱，将她一生的全部积蓄，捐赠给大学，作为办学经费。可惜，她未能目睹大学的重建。1400年7月26日，雅盖沃国王颁布了大学复校诏书。隆重的庆典持续多日，歌颂波兰是“道德之乡”，“理智之邦”。此后，克拉科夫的大学即称为雅盖隆大学。

英才辈出，铮铮铁骨

雅大历史之悠久，在中欧地区，仅次于布拉格查理大学。在15世纪，雅大的一系列学科，如天文、地理、历史、语言文学，其教学和研究均处于世界领先水平。雅大培育出许多杰出的人物，其中佼佼者如哥白尼，被称作雅大的“伟大的学生”。如史学家德乌果什，他著有波兰第一部编年史《波兰纪事》，堪称波兰的司马迁。如画家马代伊科。还有索别斯基国王，他曾是雅大附中的学生。在20世纪，雅大又培育出一位世界性人物——教皇约翰·保罗二世。

在600多年的发展过程中，雅大的命运同国家的兴衰荣辱紧紧联系在一起。1939年11月6日，发生了震惊世界的纳粹德国在雅大诱捕183位教授和学者事件。纳粹德国不择手段地“消灭”雅大，但他们大错特错了，顽强不屈的波

教皇约翰·保罗二世

雅盖隆大学

兰人却在他们眼皮子底下创办了地下大学，创造了抵抗运动的奇迹。

在纳粹德国入侵前夕，雅大校长埃斯特莱切尔等六位教授，曾向波兰总统陈述他们对时局的看法和建议。但傲慢的总统听不得教授们的忠告。在离开总统会客室时，雅大校长愤愤然留下了一句话："总统先生，你眼不明耳不聪啊！"时间还未过半年，这位校长被德国人送进集中营。在惨遭杀害之前，他留下遗言，大意是，雅大的历史正在书写新的篇章。我们是新篇章的作者。在任何情况下，我们绝不能低头屈服，绝不能乞求怜悯，绝不能萌生与敌合作的想法。否则，这一章的内容及其意义，必将南辕北辙，暗淡无光。

三个"绝不能"，掷地有声，不正是波兰民族特有的骨气吗！

《妇人和貂》——看达·芬奇的名画

波兰朋友告诉说，克拉科夫有一个可以欣赏达·芬奇名画的地方，这就是古城市场附近的那幢橙黄色的漂亮的三层楼——查尔托雷斯基博物馆。

查尔托雷斯基博物馆外观

《妇人和貂》

命运多舛的查尔托雷斯基博物馆

该博物馆始建于1800年，原址在普瓦夫，而不是克拉科夫。建馆的目的是收藏波兰国家各种珍贵的纪念品和艺术品。建馆的倡议人是查尔托雷斯基公爵夫人伊莎贝拉。

查尔托雷斯基是波兰历史上著名人物，1830年“十一月起义”失败后他流亡巴黎。在流亡者中，他成为贵族保守派——“朗贝尔旅馆派”的“最高领袖”。朗贝尔旅馆是查尔托雷斯基在巴黎的寓所，也是他同流亡者聚会的地方。他的政治主张是，波兰应在《五三宪法》的基础上建立君主立宪国家，实行自上而下的改革。

随着他的流亡，原博物馆的馆藏文物也运往巴黎，隐藏在朗贝尔旅馆他的寓所中。多年后，几经周折，于1870年，始运至克拉科夫，并在克拉科夫安家落户，重新展出，成为克拉科夫第一家向公众开放的具有欧洲水平的博物馆。第二次世界大战时，馆中的文物分散地藏于他处，尽管遭到纳粹分子的盗窃和掠夺，现今展出的仍有14—18世纪欧洲和波兰的绘画、雕刻、古玩以及古兵器等珍贵文物。在克拉科夫乃至整个波兰同类型的博物馆中，查尔托雷斯基博物馆依然名列前茅。

两幅镇馆之宝

查尔托雷斯基博物馆之所以蜚声波兰国内国外，是因为它拥有两件罕见的镇馆之宝。

其一是达·芬奇的油画《妇人和貂》。据说，达·芬奇所作的肖像画现在全世界仅存3幅，《妇人和貂》是其中之一。画中的妇人端庄秀丽，怀中抱有一只小貂，堪与蒙娜丽莎一比伯仲。

其二是荷兰画家伦勃朗的一幅风情画《好心的人》。

为了展出这两件宝物，博物馆内辟有专室，并派专人看守。能在克拉科夫欣赏意大利文艺复兴时期杰出的美术大师达·芬奇遗留下的奇珍以及伦勃朗的作品，怎能说不是一种眼福呢！

维利奇卡盐矿——"地下水晶城"

盐矿中的金卡公主教堂

"地下水晶城"

维利奇卡盐矿是波兰国家的瑰宝，享有"地下水晶城"的盛名。早在1978年，联合国教科文组织就把它列为世界最高级文化遗产，称赞其岩盐雕刻和矿山艺术工程"在全世界都是非凡的"。

这座盐矿位于喀尔巴阡山北麓，克拉科夫市南15公里处，是欧洲最古老且仍在开采的一座富盐矿。它东西长约5.5公里，南北宽约1公里，从公元11世纪开始，一层又一层地采掘，至今已开采9层，深入地下约330米，巷道全长300多公里。

在日常生活中，食盐是一盘散沙；走进盐矿后，这盐改变了模样。周围光滑的石壁都是盐，状似玻璃，坚如钢铁，令人难以置信。用手指摸摸，再用舌尖舔舔，断定有无咸味，这几乎是第一次走进盐矿的人的本能反应。

盐矿中的地下湖

古盐矿博物馆

盐矿的1－3层已停止采盐，开辟为古盐矿博物馆。沿4公里长的参观路线，分布了19个盐雕景点。在这里，天赋极高的矿工和艺术家合作，巧妙地利用空间，凿成一座座风格迥异的建筑，塑出栩栩如生的人物，把美丽的神话传说和故事，呈现在游人面前。

盐矿的第一层位于地下64米的深处，主要景点有神话厅、哥白尼厅等。第二层距地面100多米，主要景点有金卡公主教堂、地下盐湖等。沿着盐岩峭壁下行到123米深处，是第三层，有宽大的多功能厅和巨大的洞穴。在这里可以举行集会、舞会、体育比赛和歌舞演出，也可以作为治疗呼吸道疾病的地下疗养所。此外，还有邮局和展览厅。厅中陈列大量的文献、实物和模型，把盐矿从古至今的发展史，全部展现给观众。

盐矿中的疗养所和模型展览

金卡公主教堂盐晶吊灯

Tips

盐矿游览

为了方便视察和参观，在1744年就在矿井里修了楼梯通道。在离地面130多米深的盐道上建起了世界上罕见的供旅游者参观的游览胜地。里面有许多雕像和装饰品，均用盐矿精雕而成。著名的雕塑作品有达·芬奇的《最后的晚餐》的仿作，该盐矿不仅可供游人参观，还可供某些疾病患者来此治疗。为怕游客迷路，盐矿特别规划参观路线并有专门的英语解说员，整个线路参观需要2个小时左右。

金卡公主教堂富丽堂皇，它始建于1896年，直到1963年才大功告成。教堂大厅长54米，宽17米，高12米，面积900余平方米，可容纳400余人。金卡公主雕像立于主祭坛的正中，周围是有关人物的雕塑。大厅的四壁布满浮雕，其中最著名是达·芬奇的《最后的晚餐》。用盐晶做成的五盏吊灯光彩四射，大厅明亮犹如白昼。

美丽的传说

神话故事说，过去有一位匈牙利国王，将其爱女金卡公主许配给克拉科夫大公鲍莱斯瓦夫。操办嫁妆时，国王问女儿喜欢什么，女儿说："喜欢一座盐矿。"国王问："为什么？"女儿答："波兰没有盐矿，盐矿会给波兰人带去幸福和安乐。"国王点头应允，公主当即摘下订婚戒指，抛向马拉穆累斯盐矿。成婚后，公主派人去维利奇卡开矿取盐，人们半信半疑，但奇迹发生了。不仅掘出了盐，而且在第一块岩盐中还有公主抛入马拉穆累斯盐矿的戒指。一座盐矿千真万确地伴随着公主来到了波兰。从此之后，波兰人不再担心没盐的日子。在请客吃饭的时候，自豪地说："没有盐，就没有滋味。"这句话已成为波兰人的口头禅，写入了二战后的扫盲课本中。

在"地下的水晶宫"，领略盐雕艺术的魅力，感知盐雕艺术不断发展的脉搏，实为难得的人生经历。真实的景物和神话的传说，大自然的奇妙和艺术家的灵巧，犹如长天秋水，浑然一体。高大的、浑厚的、透明的、剔透玲珑和栩栩如生的盐雕，不仅有情有韵，而且有滋有味，令人百看不厌，流连忘返。

扎科帕内——波兰第一风景区

扎科帕内早已闻名世界，它山川奇特，风光俊秀，景色宜人，无论是春夏秋冬，四季都是美丽的，是波兰第一风景区。

扎科帕内山水甲波兰

中国人常对外国朋友说"不到长城非好汉"，波兰的一位中国通则说，"不到扎科帕内非好汉"，他鼓励我们一定要去看看扎科帕内。他还说"扎科帕内山水甲波兰"，未见过扎科帕内，又怎么会知道波兰之美？

扎科帕内位于波兰南部塔特拉国家森林公园之中，海拔800—1000米的山坳上，是波兰最高的高山城市。它的真正开发已有一百多年的历史。从20世纪初开始，"到扎科帕内去"就成为生活中的时尚。只要谈到扎科帕内，人人兴高采烈，赞不绝口，特别是那些喜欢背着背包徒步登山的人。但直到1933年，扎科帕内才获得城市的地位。这是一个不典型的城市，没有高楼大厦，也没有宽阔的街道，除了两条算得上街道的主要街道外，剩下的建筑物或为别墅，或

杜纳耶茨河，峡谷激流

为独家住宅，或为休养所，或为农舍，建筑风格多种多样，彼此各异。但作为城市，扎科帕内之美，就美在这个“异”字之中，美在它有一点“野”的特性。所以人们说它似城非城。

冬季运动的乐园

扎科帕内是波兰冬季运动的首府。从每年的11月到第二年的4月，大约有半年的时间，这里是大雪封山银装素裹的冰雪世界，是冰雪运动爱好者特别是滑雪者的乐园。这里既有大自然的恩赐——取之不尽和用之不竭的皑皑白雪，又有一百年来苦心经营的冬运设施——滑雪场、滑雪跳台、登山缆车，应有尽有，一概俱全。

冰雪世界

山间之乐，不止于雪。小小的扎科帕内，游人如织，每年承担了接待300万旅游者的重任。一年四季不同，扎科帕内的魅力不同。人们在不同季节来到扎科帕内，各有各的目的，也各有各的感受，结果会是皆大喜欢。夏日，来山区休闲，或在河谷漫步，或登山观景，或自备一顿野餐，那种回到大自然怀抱的感觉非常强烈和亲切。秋天，这里是人间的童话世界，层林尽染，落叶缤纷，给人许多想象和灵感。冬天，大雪飞扬，踏着滑雪板从天而降，沉鱼落雁，好像长了翅膀。

扎科帕内常住人口约为3万人，其中土生土长的山民约为5000人左右。山民有自己的生活习惯、服装打扮和文化传统，构成了扎科帕内独特的风光。但今日的山民早已不像过去那样粗犷和浪漫，他们靠旅游业发财致富了。

峡谷泛舟

山民讲地方方言，到了扎科帕内，如果会说几句方言，肯定会受到格外的欢迎。波兰语“好的”叫“都不赖”，山民方言叫“休姆涅”。波兰语“美丽的”是“宾克内”，山民方言是“喜瓦尔内”。

Tips

冬天去扎科帕内

最佳的选择是从克拉科夫乘坐火车，这比开汽车走高山公路更为安全和可靠。在山谷和林木中，火车盘旋行进，走走停停，车速很慢。40多公里的直线距离，要费时4个小时左右。但只要同行的朋友在一起聊天，车轮碾压钢轨的单调声响，就会湮没在欢声笑语中。

盖翁特和海眼——群山之王和大海的明眸

群山之王

夏末秋初的季节，我们绕道进入了塔特拉山区。行进间看到了酷似头戴白色毡帽的终年积雪的群山。从远处看，盖翁特山颇像一位仰卧的正在沉睡的骑士。民间传说，山中的洞穴是骑士的营房，无数的骑士在洞穴中沉睡，一旦波兰灾难临头时，国王会唤醒他们投入保卫波兰的战斗。盖翁特由主峰、小峰和长峰三个山峰组成，主峰高为海拔1909米。虽然它不是波兰的最高峰，但波兰人对它情有独钟，称它为群山之王。诗人称颂说："盖翁特的身影，映入家家户户。尊它为群山之王，既正确又恰当。"

盖翁特峰，像沉睡的骑士

通过望远镜，可以清楚地看到盖翁特峰顶有一人造景观，它好像是一座铁塔，实际上是一座精美的钢铁十字架。据介绍，十字架是为纪念耶稣诞生1900年而建造的。它高17.5米，两臂伸展长5.5米，建于1901年。100多年来，这个

钢铁十字架

十字架成为盖翁特的标志，同时也是人们朝圣的地方。顺便说一句，常识告诉我们，在雷电交加的日子，切不可在十字架下逗留，以免遭遇不幸。

一路走来，阳光明媚，冷暖宜人。但想不到山区已有一股逼人的凉意。山上山下，一日之内，气候不齐。扎科帕内没有真正的夏日，在最炎热的7月，平均气温也只有14.9摄氏度。

登山寻海

我们此行的目的地是海眼，名之曰"登山寻海"。

海眼，是高山湖泊，为什么称它为大海的明眸？有一个美丽的民间传说：古时候一位波兰商人的货船，在亚得里亚海遇难，满舱的珠宝沉落海底。但商人并不懊恼，反而说珠宝是他赠送给水仙的礼物。几个月过后，人间奇迹发生了。大难不死的商人回到了波兰，睡梦中同

海眼晨光

水仙相会，醒来时在高山湖泊中找到了他失落的珠宝。从此之后人们认为，在深深的地底，这湖同大海一脉相连。这湖，就是大海的眼睛，大海的一滴泪水。

人们会问，这大海只有一只眼睛吗？不，不是一只，也是两只。另一高山湖泊，大海的另一只眼睛，则在海眼东面大山后的山坳里。那一只眼睛中的海水更深，更蓝，更凉，人们叫它黑池。黑池比海眼深20余米，最深处达70多米。海眼和黑池是大海的明亮的双眸。

按照当地的习俗，人们在海眼岸边漫步，要把事先准备好的几枚硬币，投入水中，向水仙祈福。当地人说，只要你是好人，水仙会保佑你心想事成，一生平安。海眼究竟倾听了多少祈福和祝愿，无人计数。但透过那清澈的水面，可以看到湖底一片一片白花花的银两。

谁知天有不测的风云，突然间云雾锁千峰，细雨落不停。我们躲在湖边酒楼的回廊上避雨，欣赏那不再平静的湖面，和那被雨滴击打得颤抖不停的高山倒影。这又是一番迷人的景象！

时间在不知不觉中过去了，我们的情绪也开始起伏不平了。这如诗如画的山光水影，可知道远道而来的游客的心情？天在留客，是留还是不留呢？一时间找不到答案。

海眼和黑池

4

We all live on the same planet

名城名景

三联城：格但斯克–索波特–格丁尼亚

从金门到绿门
——格但斯克的国王之路

格但斯克

波兰沿海省的省会

在波兰沿海，格但斯克、索波特、格丁尼亚三个城市已经连成一片，组成波兰的著名的三联城。格但斯克是三联城中的首要城市，是波兰沿海省的省会。

说起格但斯克的过去，可以简单地勾画一笔这座城市历史发展的线条：（一）早在公元997年，史书中就有了关于格但斯克的文字记载。在10–13世纪，格但斯克是波兰东波莫瑞大公的首府。（二）1309年十字骑士团占据了东波莫瑞。1466年，波兰同十字骑士团签订了托伦和约，结束了持续13年的战争。波兰收回东波莫瑞，格但斯克回归波兰。（三）1793年俄国和普鲁士第二次瓜分波兰，格但斯克为普鲁士占有，并更名为“但泽”。（四）第一次世界大战后，根据凡尔赛和约，“但泽”成为自由市，由国际共管。（五）二战后，波兰收复“但泽”，并恢复城市的原名——格但斯克。

今天的格但斯克是波兰经济、文化和科学发展的中心之一，是蜚声国际的大都市。格但斯克之所以能够获此名望，一是它有上千年的悠久历史，文物古迹吸引八方来客。二是它地理位置

格但斯克夜景

优越，位于波罗的海南岸，是中东欧地区南北、东西水陆空交通枢纽。三是发展潜力十分雄厚，自上个世纪90年代以来，经济发展和居民收入均高于全国的平均水平。可以说这是今天格但斯克的三大特点和优势。

国王之路

与华沙、克拉科夫不同，格但斯克古城市场不是方方正正的广场，而是一条封闭式的长长的街道，从西端的高门和金门开始，延伸到东端的绿门为止，由长街和长市两个地段组成。历史上，波兰国王巡视格但斯克时，常从高门、金门走到绿门，因此人们又常常称长街和长市是格但斯克的“国王之路”。

高门，是进入格但斯克古城的第一道门户，过去是城市的瞭望塔和监狱，现已改为博物馆，陈列古时使用的各种刑具。高门明显地分为上下两层，下

高门的绘画

古城一景，绿门

长街

WOL GEHEN DENEN D
DICH LIEBEN ES MVSSE FRIEDE SEIN INWENDIG IN DEINEN MAVREN
VCK IN DEINEN PALAST
金门(局部)

层是保卫城市的工事，上层则是城市的门面，墙体上饰有浮雕，其中有波兰国徽，由两个天使托举着；格但斯克城徽，由两个狮子托举着。还刻有拉丁文，说“人民最美好的愿望，就是和平、自由、和谐”，并书明建于1588年。

金门，是古城的正门，它建于1612年，门上雕有精美的人像，分别象征和平、自由、公正、和谐、福祉，展示出世世代代的格但斯克居民对美好生活的期盼。由此前行，我们的双脚就踏在“国王之路”上了。只见两侧的建筑栉比鳞次，具有文艺复兴时期的风格，极具代表性。楼房的底层，大都成为出售各种高档消费品的商店。走过市政厅，街面变得更宽敞一些，就到了长市，首先进入眼帘的是海神喷泉，而远处则是长市的东端——绿门。

绿门门洞上的楼阁，是国王的行宫。来格但斯克进行巡视的国王在这里休息，议事，但从来没有一位国王在这里下榻。据说个中原因是，绿门外即是鱼市，人来人往，吵吵嚷嚷，会打搅国王的美梦。

Tips

琥珀加工地

波兰盛产波罗的海琥珀，是世界琥珀储量最丰富的国家之一。波兰加工琥珀的作坊都集中在以格但斯克为主的北方。

市政厅和海神喷泉
——格但斯克的两大景观

扬·赫维留斯

高耸的市政厅大厦

格但斯克古城的市政厅位于长市的东端。它始建于1587–1595年。具有鲜明的荷兰建筑特征。建筑物顶层的高塔高达82米，气势不凡。通向高塔的螺旋楼梯十分精美。20世纪初，市政厅进行过一次彻底的内装修，抢救和修复了300年前的天花板、地板和壁炉。几个世纪以来，市政厅是格但斯克政治、经济、科学、文化和社交活动的重要场所。历史上格但斯克著名的天文学家扬·赫维留斯，在市政厅留下了自己的身影。赫维留斯担任过市陪审员，市首席议员。他家住在市政厅附近，他自己会酿造啤酒，常年使用市政厅地下室这块宝地，当作他储存自家啤酒的酒窖。2011年是赫维留斯诞生400周年，波兰邮局专门为这位格但斯克历史名人发行了纪念邮票。

二战时市政厅一部分毁于大火，战后修复，辟为格但斯克历史博物馆。走到市政厅大门，两侧的脸谱引人注目。面孔扭曲的，是丑与邪恶的化身；面带微笑的，是美与善良的代表。看到对比度如此鲜明的形象，人人都会有自己的理解。有人说在市政厅出出进进的有好人也有坏人，有人说跨过市政厅的门槛，坏人可以变成好人，好人可以变成坏人。人们议论纷纷，笑声不断，从而加深了见景生情的印象。在这里，可以看到许多珍贵的文物，以及17世纪中叶格但斯克著名艺术家的绘画，其中尤以一系列的寓言画令人浮想联翩。

寄托期盼的海神像

海神喷泉是格但斯克的标志。人们常说靠山吃山，靠水吃水。格但斯克靠海，海洋经济发达，多数居民以造船、航海和捕鱼为业，他们吃海，爱海，但又惧怕和憎恶兴风作浪的海怪，因此他们对大海安全的守护神——海神奈普顿情有独钟。大约400年前，他们就在长市最显著的地方，建立了海神喷泉，表示对海神的爱戴，寄托着他们最美好的期盼。

格但斯克海神喷泉的艺术造型别具风采，海神的形象高大威武，手持三股钢叉，同海怪搏斗，将兴风作浪的海怪踏于脚下，汹涌的水柱从钢叉尖上喷射而出，直刺海怪的血盆大口。积水则从四周的兽头流入水池。据考证，海神喷泉是格但斯克地区最早出现的古代雕塑，海神和海怪由青铜铸造，做工精致，线条优美，表情逼真，是一组极具观赏性的艺术作品。

海神像

在喷泉周边，游人纷纷摄影留念。只见一对年轻的伴侣，手捧一束红白相间的石竹花，轻轻地放在海神喷泉的铁围栏上。他们说了些什么，我们不知道，波兰朋友告诉说，这是他们对海神表示敬意和谢意，是多年以来形成的一种风俗习惯。假如他们是出海归来，他们要感谢海神的一路保护；假如他们是即将出海，他们要向海神祈求平安。格但斯克人离不开大海，海神同格但斯克人在一起，海神喷泉是格但斯克人心目中的神圣和美。

运河，大磨坊，起重机
——格但斯克的古代工程

源自中世纪的运河

假如有机会游一游格但斯克的拉杜尼亚运河，观看两岸风光，那恐怕是最惬意不过的事了。运河长13.5公里，由拉杜尼亚引水至莫特瓦瓦河，于1350年建成。人们说，这是十字军为格但斯克城市留下的一个值得赞许的古代工程。

大运河及大磨坊

自然，十字军修建运河的目的不是为了观光，而是为了适应城市发展的需要，具体地说就是利用运河的水，一来为大磨坊提供动力，二来满足城市的淡水需求。运河一旦建成，大磨坊，铁器和木材加工厂等大大小小的作坊，争先恐后地在运河两岸拔地而起，呈现出一片繁荣景象。

巨大的磨坊

大磨坊，是中世纪格但斯克工业最大的砖石结构的建筑。它宽26米，长41米，高26米。有18个水车转轮，大者直径5米，昼夜不停地带动磨盘转动。有高大宽阔的仓库，储存小麦和面粉，并有5座面包房烘烤面包。

不言而喻，如此规模的大磨坊，在城市食品供应链中必然起着关键的作用。事实果真如此。在波兰从十字军手中收复沿海地区的13年战争期间，1454年2月，武装起来的格但斯克居民，约50余人，占领了大磨坊，他们只用一周的时间，就迫使十字军不得不撤出格但斯克。

此后，波兰国王下令，把大磨坊移交给市议会经营。19世纪后，大磨坊的动力系统不断改造升级，由水力改为汽动，改为电动。二战时，大磨坊被焚毁。1961年至1967年修复，但不再做磨坊而改做仓库和展览厅。现今，大磨坊是格但斯克的商贸中心。

MAX PHILIPSOHN

运河风光

仙鹤起重机

古朴的“仙鹤”起重机

离开拉杜尼亚运河，眼前是宽阔的莫特瓦瓦河面。格但斯克标志性建筑——“仙鹤(Zuraw)”首先进入了人们的视野。波文中Zuraw一词，有两个意思，一是吊起重物的器械，一是长颈高脚的鸟。屹立在莫特瓦瓦河岸的“仙鹤”，就是中世纪格但斯克港口的起重机。

“仙鹤”建于14世纪，木结构，由人工转动大绞盘，可将2吨重的货物吊高27米，装卸船舶，轻松自如。“仙鹤”的设计，巧妙地把城门楼同起重机结合在一起，这在世界上是独一无二的。二战期间，“仙鹤”也难逃毁坏的浩劫，二战后修复重建，成为珍贵的文物古迹。

在莫特瓦瓦河畔，爱好摄影的人忍不住频繁地按下快门，那古朴的“仙鹤”同熙熙攘攘的河港风光，同豪华舒适的游船，就一并定格在远处的背景中。

维斯特尔普拉特——打响二战第一枪的地方

二战起始的半岛

大家知道，维斯特尔普拉特是纳粹德国入侵波兰，在欧洲打响第二次世界大战第一枪的地方。

维斯特尔普拉特半岛三面环海，扼格但斯克的入海口，易守难攻。1924年国际联盟将维斯特尔普拉特划归波兰，1926年波兰开始在半岛设防，驻军182人。

1939年希特勒发动战争，规定进攻波兰的时间为9月1日早晨5时。但数日前以“友好访问”为名，蓄意停泊在格但斯克港口的纳粹德国战舰什莱斯维格-霍尔斯泰因号，为抢头功，抢先15分钟，于4时45分便向维斯特尔普拉特半岛的波军开火，打响了战争的第一枪。

战争打响后，波兰守军奋起抵抗，

二战硝烟开始的地方

面对在装备和人数上占有绝对优势（20倍）的敌人，他们表现出无与伦比的勇敢和英雄气概。他们顶住了德军大炮和飞机的狂轰滥炸，打退了德军发起的数十次的冲锋，坚守阵地，激战7天，终因弹尽粮绝，寡不敌众，不得不放下武器，留下了历史的遗憾。

沿海卫士纪念碑

1966年10月，在昔日波军军营旧址，建立起沿海卫士纪念碑。纪念碑高23米，用236块巨石叠成。雕有波军战士的头像，以及1939年9月各战场的地名。这碑，从横向看，分有几个层次，表现出战斗，牺牲和苦难；从纵向看，则表现出历经折磨之后，赢得了胜利和尊严。

今日的维斯特尔普拉特，林木青翠，高路入云，石碑周围肃穆和宁静。从这里远望海湾，波光粼粼，俯视港口，船舶如梭。但在这一片和平的景象中，依稀可见战争留下的伤痕。被炸毁的军营，残存的堡垒，牺牲者的墓地，在无言地述说着战争的残酷。而碧草中一块巨石上刻着的几个醒目的大字“永远不要战争！”则喊出了时代的最强音。

也是1939年9月1日凌晨，在维斯特尔普拉特枪声大作之时，格但斯克波兰邮局遭到纳粹武装分子的攻打。邮局职工50余人举起义旗，在一位预备役军官的指挥下，展开了保卫邮局的武装斗争。他们手中只有步枪和手榴弹，可入侵的一方却因进攻受挫而开始炮轰，并纵火焚烧。战斗持续14个小时，邮局保卫者放下武器。被俘后他们全部被杀害，只有4人侥幸逃走。

今日，在邮局和邮政博物馆门前广场，建有邮局保卫者纪念碑——胜利女神Nike，枪支，一位负伤倒地的邮递员，散落着的邮袋、信件和邮递员的制帽。这是用艺术的手段，颂扬了格但斯克波

沿海卫士纪念碑

兰邮局保卫者的爱国和敬业精神，表达了波兰人民对英雄们的敬仰。这座纪念碑建于1979年9月1日，即邮局保卫战40周年的时候。

格但斯克是见证了纳粹德国发动战争的城市，在这里，波兰朋友给我们讲述了他们沉痛的经验和教训。他们认为，当时的波兰，第一，国力不强，军事观念守旧，结果应了“落后就要挨打”这句话。第二，国际处境险恶，在形势瞬息万变和外交狡诈阴险的情况下，波兰陷入了腹背受敌的困境。看来时至今日，波兰人仍在不断地审视这段历史并从中吸取教训。

造船工人纪念碑——格但斯克的新景观

高耸的纪念碑

站在拉杜尼亚运河岸边远眺，可以看到建立在格但斯克造船厂2号门前的造船工人纪念碑。这是近30年来格但斯克市新的一景，建于1980年。

这座纪念碑高42米，全钢结构，造型简洁。三个金属十字架的顶端用巨大的船锚和锚链连成一体，高耸入云，气势不凡。碑座是不规则的钢筋水泥板块，上面镶有12块铜牌，刻有造船工人工作和生活的图画，教皇保罗二世的语录，以及诺贝尔文学奖获得者、波兰诗人米沃什的诗句：“他们献出了生命，为的是，你能够有尊严地生活。”

据介绍，建碑时格但斯克造船厂工人，克服了高空焊接的艰难，只用了3个月的时间，就完成了建碑的工程。

这座纪念碑的建立有着比较复杂的背景，同1970年波兰“十二月事件”和1980年团结工会运动的兴起密切相关。

影响历史的工人抗争

1970年12月，波兰国内局势急转直下。格但斯克造船厂工人反对当局大幅度提高物价的决定，举行了大罢工。他们上街游行示威，掀开了沿海地区工潮的序幕。强大的罢工浪潮由格但斯克蔓延到什切青，席卷沿海各主要城市，震撼了整个波兰。当局对罢工的性质判断错误，决定出动军警镇压，同罢工群众发生了流血冲突，酿成了工人死与伤的悲剧。格但斯克造船厂有三名罢工工人在船厂2号大门前中弹牺牲。在罢工浪潮的冲击下，执政党不得不改朝换代。执政14年的哥穆尔卡因下令开枪镇压而被赶下了历史舞台。

1980年夏，当局在不可抗拒的经济压力下，再次宣布大幅度提高肉类及肉食品价格，触发了战后波兰规模最大，持续时间最久，席卷全国的罢工浪潮。团结工会运动应运而生。格但斯克造船厂成为团结工会运动的发祥地。执政10年

造船工人纪念碑

的盖莱克被迫下台，执政党再次改朝换代。新领导决定用政治手段解决罢工问题，同罢工委员会达成了著名的《八月协议》，允许工人成立独立自治的团结工会，也同意为纪念1970年罢工牺牲者建立造船工人纪念碑。当“八月协议”举行签字仪式时，工人们把赶制好的纪念碑模型，摆放在签字大厅的主席台上。

了解了这座纪念碑的背景，自然也就清楚了它在格但斯克造船厂工人心目中的位置，也就清楚了它在战后波兰历史中的意义。

“琴仙”和天使乐团
——奥利瓦大教堂的管风琴

波兰许多教堂都设有管风琴。其中修建最早、最大、最壮观的，当数奥利瓦大教堂的管风琴了。

奥利瓦花园“望海之窗”

镇小名声大

奥利瓦位于格但斯克和索波特之间，是一个风光优美的小镇。

小镇虽小，可奥利瓦大教堂的名声颇大，且历史悠久。有关大教堂的文字记事，始于1186年。大教堂位于奥利瓦公园的花草林木之中，它的外观，是两座高耸入云的尖塔，塔高46米。教堂内有23个大小祭坛，多为巴洛克和洛可可艺术风格的杰作，并收藏了许多不同时代的神学艺术作品。这一切虽然十分重要，但这一切却没什么与众不同，更不是使其扬名海内外的“仙”了。

奥利瓦教堂与教堂祭坛

古老的管风琴

天使乐团

从1763年开始，历时25年，在奥利瓦大教堂内修建了管风琴。这是当时欧洲，也是当时世界最大的管风琴。有了管风琴，就应验了“山不在高，有仙则名”，就等于请来了“琴仙”。自此之后，奥利瓦大教堂声名大振，朝拜者络绎不绝，争相一睹“琴仙”的芳容。只见那银光闪烁的大大小小的音管排列有序，高大者顶天立地，细小者只数厘米，共有5100个之多；在音管周围的墙壁和天花板上，彩绘和雕塑交融，背生双翼的安琪儿隐身于云彩和星辰之间，组成了一个天使乐团。当琴声抑扬、高潮迭起之时，这些安琪儿你摇铃，我击鼓，他吹号，同日月星辰在一起旋转和舞动。主琴和配琴的琴声，在不同的方位此起彼落，你呼我应，教堂内四面八方回荡起天籁之音，令人有飘飘然置身于仙境之感。

这座管风琴自建成之日起，人们小心翼翼地爱护它和保护它，多次维修和改进，一再引进先进的鼓风系统。二战期间，管风琴受到了损伤。1966年至1968年，对它进行了新的进一步的维修。今天的管风琴，键盘分上下五层，音栓由最初83个增加为96个，由脚键控制的电动鼓风机更为先进。为适应现代的音乐演奏的要求，又增加了新的音管，原有的个别音管已不再发声，但仍留在原地，保持古琴之原貌，起装饰门面的作用。

时至今日，奥利瓦大教堂的管风琴已有350年的历史。这座世界最古的管风琴，琴体美丽壮观，夺人眼目；琴声行云流水，动人心弦。当离开大教堂，漫步在奥利瓦公园那条著名的“望海之窗”的林阴小路的时候，琴声的余音犹在耳边萦绕，会不由地想起我国唐代大诗人杜甫的名句：“此曲只应天上有，人间能得几回闻。”

管风琴音管（部分）

管风琴琴室

海滨的第一名胜——索波特海上栈桥及"怪楼"

海滨名胜栈桥

在波兰沿海三联城中，索波特位于格但斯克和格丁尼亚中间，是波罗的海南岸著名的休闲旅游的好地方。

特别是索波特栈桥，被誉为海滨的第一名胜。在这里，灿烂的阳光，平整的沙滩，欢快的海浪，以及那悠然自得的游人，那低空飞舞的群鸥和海面上戏水的天鹅，组成了一幅幅典型的栈桥风景画，留在"到此一游"者的印象中。

这座栈桥已有180余年的历史。它的兴建可追溯到1827年。当时栈桥的长度只有31米多一点，是索波特和格但斯克之间往返船舶的码头。此后一百年间，栈桥不断扩建，至1928年形成了今天的模样。整个栈桥全部是木质结构，全长511米，在欧洲首屈一指。其中458米深入格但斯克湾的湛蓝的海水中。栈桥分上下两层，酷似轮船的甲板。在栈桥中段伸展出一个分支，是供疗养用的海上日光浴场。作为码头，栈桥可接纳吨位不同的大小船泊。在今天，栈桥的功能不再是单一的码头而多样化了。

栈桥

栈桥上的鸟儿

登上栈桥，遥望桥头桅杆上飘扬着的一面白红两色的旗帜，犹如登上一艘正在驶离船坞而进入大海的巨轮，一种心旷神怡的感觉油然而生。难道这不正是一步步地走进大海的怀抱吗？在栈桥上，可以欣赏湛蓝色的波涛和金灿灿的沙滩，喂食飞翔的海鸥和戏水的天鹅，眺望远方的海尔半岛和入出格但斯克和格丁尼亚港口的舰船。而当回首环视海岸时，栈桥两侧的建筑物进入视野，驰名欧美的索波特大饭店就坐落在这里。

向海上抛洒一把面包屑，会引来无数的海鸥在头上飞舞，争食和欢叫。这是多么美丽可爱的海上精灵啊！人们走到哪里，它们就追随到哪里。在鸟儿的欢叫声中，听到了人与自然和睦相处的快乐。

栈桥的陆地部分，是一个约2万余平方米的小广场，建有喷水池、灯塔、音乐厅和饭店。冬天来临时，则把小广场变成溜冰场。小广场上可举行各种各样的群众性活动，能容纳15000余人。

源自童话的“怪楼”

栈桥，是索波特最具特色的景观，其实，索波特迷人之处又何止栈桥！过去，索波特是一个小小的渔村，今天，索波特是著名的休闲旅游和疗养胜地。一幢幢古老的别墅隐身在花园之中，新建的住宅散落在市郊的山冈上，一个居民仅5万人的市镇，常常接待数十万的游人。同大海、沙滩和栈桥一道，这座花园般的市镇，以其公园、画廊、剧院、露天剧场为平台，开展了广泛而多样的文化娱乐活动。每年一度的国际歌咏联欢节、国际电影节、索波特之夏……这些美与浪漫的音符，像磁石一样吸引游人的视听，留住了游人的脚步。当夜色降临时，海上吹来了阵阵的凉风，双双对对地在步行街——卡西诺山英雄街漫步，自有说不尽的惬意。

如果喜欢猎奇，不妨去看看那座造型奇特扭曲着腰身的“怪楼”。它是根据童话书中的插图设计的，融文化艺术和现代商业活动于一体，底层是商店、餐饮厅、游乐厅等，上层则是各大公司的办公楼。这“怪楼”是索波特的一张新名片，是三联城的新奇景，在世界50座奇异建筑物中榜上有名，被誉为现代世界的象征。

索波特栈桥灯塔

Havana Club
CAIPIRINHA

索波特怪楼

格丁尼亚——移山填海建成的新港口

从小渔村到新港口

石头山是格丁尼亚市的制高点，从这里可以遥望海尔半岛和格但斯克海湾，鸟瞰格丁尼亚市容和海港全貌。稍远处可以看到停泊的军舰，山脚下可以看到密集的渔船。一道坚固的防波堤，拦挡着汹涌的海浪，保护这宁静的港湾。

在波兰，格丁尼亚是一座年轻的城市，始建于1926年。一战后，维斯瓦河下游沿岸的土地划归波兰，构成所谓的“波兰走廊”，使波兰获得连接出海口的通商渠道。但，格但斯克则由国际联盟管辖，游离于波兰国家版图之外。波兰为确保出海口的权利，适应发展海洋经济的需要，在上个世纪20—30年代，下决心在格丁尼亚移山填海，把一个小小的渔村，建造成集军港、商港、渔港于一身的港口城市，展现出波兰人自强不息的精神。

生机勃勃的城市文化生活

今天的格丁尼亚生机勃勃，城市生活多姿多彩。抛开发达的海洋经济不说，日常的文化生活尤其在旅游季节异常丰富。以巴杜什科娃命名的音乐剧场，是格丁尼亚最大的文化活动中心，它建于1958年，其舞台之宽大在全波兰名列前茅。自1968年以来，每年都在这里举办波兰故事片电影节，夏季爵士音乐节，莎士比亚戏剧节，这些雅俗共赏高品位的文艺盛会，给格丁尼亚额外地增添了无限的魅力。

无论是已有航海经历或尚无航海经历的朋友，都喜欢在格丁尼亚参观“闪电”号军舰和“滨海之礼”号训练船。这两艘退役的船舶，作为格丁尼亚海上博物馆，停靠在科希秋什科小广场的岸边，是格丁尼亚特有的一道风景线。

格丁尼亚

海上博物馆

“闪电”号驱逐船建于二战前，1937年正式在

海上博物馆“闪电”号

中波轮船公司格丁尼亚分公司大楼

波兰海军服役，同“雷鸣”号和“雷电”号一道，构成当时波兰海军的主力。经过二战的洗礼后，只有“闪电”号幸存下来，并一直服役到1976年始退役。这艘军舰舰身长110米，宽12米，从船体到船机，从导航设备到武器装备，当时都是先进的和一流的。登上这座海上博物馆，不仅可以了解波兰海军的光荣历史，而且可以一睹上个世纪30年代科技发展的实物。

“滨海之礼”号训练船是1929年

海上博物馆“滨海之礼”号

波兰社会献给格丁尼亚海军学院的一份厚礼。船身全长93米，甲板上竖立三个桅杆，高42米。它服役至1982年，让位给新建的另一艘训练船“青年之礼”号。在半个世纪中，“滨海之礼”号训练航行102次，行程50余万海里，培养了13000余名学员，为波兰海军和波兰远洋船队的发展立下了汗马功劳。

元老级的中波轮船公司

格丁尼亚同世界各大港口有着广泛而密切的联系，同中国上海又有一层特殊的关系。世界闻名的中波轮船股份公司CHIPOLBROK的总公司设在上海，分公司则落户格丁尼亚。中波公司是中国首批成立的中外合资企业之一，它历经风雨而不衰，至今已有60年的历史，成为中外合资企业中名副其实的“元老”。

在格丁尼亚，分公司新建的办公大楼荣获1991年波兰全国建筑艺术大奖。在上海，总公司也建了新的办公大楼，走出了狭窄的街区。

辉煌军史的第一篇
——格隆瓦尔德古战场巡礼

著名的格隆瓦尔德之战

格隆瓦尔德大会战，是中世纪欧洲军事史上著名的战役之一，是波兰军事史上辉煌胜利的第一篇。画家马代伊科的名画《格隆瓦尔德大会战》和作家显克维支以大会战为题材的历史小说《十字军骑士》在波兰家喻户晓，妇孺皆知。

刺绣：格隆瓦尔德大会战
（复制马代伊科的油画）

大会战发生在1410年夏。波兰国王雅盖沃统帅的波兰和立陶宛联军，得到罗斯部队和捷克部队的支援，约为4.5万人。十字骑士团拥有步骑兵约为3.9万人。1410年7月15日，双方厮杀了一整天，战场上天昏地暗，人仰马翻。

大会战的结果是：波兰立陶宛联军大获全胜。十字骑士团大首领容京根丧命沙场，残部溃逃，龟缩在马尔堡的城堡中。波立联军围攻马尔堡两个月有余，不胜而退。翌年，波兰和十字骑士团在托伦签订和约。尽管滨海地区仍处于十字骑士团的控制之下，但十字骑士团的元气丧失殆尽，已成为强弩之末，不再拥有威胁波兰的政治和军事实力了。此后，1454–1466年，波兰和十字骑士团再次交战，波兰收复了失去150多年的东部滨海地区。十字骑士团国家的首府也从马尔堡迁至哥尼斯堡（今俄国的加里宁格勒）。1525年十字骑士团还俗，称普鲁士公国，成为波兰的藩属。

重温历史的辉煌

格隆瓦尔德位于波兰北部瓦尔米亚–马祖里省，距华沙约170公里。小小的村庄十分宁静，周围地貌起伏不平，在远处森林和湖泊之间的一片开阔地带，就是供今人凭吊的距今已有600多年的古战场。

纪念碑局部

古战场纪念地

地平线上一组高耸入云的桅杆是古战场纪念碑的组成部分之一。古战场纪念碑建于1960年7月，亦即大会战550周年之际。大理石主碑位于古战场的中心，高8米，刻有武士头像和宝剑。武士的双目警惕地注视着前方。桅杆高30米，上端装饰着数面金属薄片，象征着波兰、立陶宛和罗斯军队的战旗。在主碑和桅杆的侧面，是一个巨大的用石块铺成的沙盘，演绎着两军对阵的态势。这组纪念碑的设计人，是波兰著名艺术家班杜拉。

距古战场不远的斯腾巴克村，建有格隆瓦尔德大会战博物馆。在那里可以一边观赏600年前大会战的遗物——中世纪的兵器以及胜败双方的各式各样的战旗，一边重温波兰武装力量用胜利书写的这段辉煌的历史。

马尔堡
——世界最大的哥特式城堡

拔地而起的哥特式城堡

从格但斯克南行，约一小时的车程，一座红砖砌成的古城堡进入视野。这就是著名的波兰马尔堡城堡——世界最大的哥特式城堡。1997年被列入世界文化遗产名录。

马尔堡城堡坐落在诺加特河右岸，是一组城中有城，堡中有堡，外形和功能各异的，典型的哥特式的建筑群。占地21

马尔堡

公顷。面积之大，结构之复杂，在中世纪欧洲同类型的建筑物中首屈一指。城堡和城市联成一体，围之以城墙，构成了严密的防御体系，堪称中世纪哥特式城防建筑的代表作。建设城堡用掉的红砖数以百万计，有人赞叹说，匈牙利的布达是站在山岗的石头上，可波兰的马尔堡则立于平地的泥土中，是名副其实的拔地而起。

曾是骑士团的活动中心

马尔堡城堡始建于1276年。1309年骑士团总部由威尼斯迁至马尔堡，城堡升格为十字骑士团国家的首府。城堡主要由高堡、中堡和低堡组成，相互之间有吊桥连接。

中堡是骑士团国家政治、外交和公众活动中心。这是一个巨大的方形庭院，西侧的三层建筑物是大首领宫，其中夏厅是大首领的会客室和宴会厅，墙体轻巧，堪称14世纪建筑艺术的精华。冬厅是大首领日常起居和工作的地方。冬厅有中央供暖设备，现在看来很原始，但在当时是相当先进了。首领大餐厅，装饰精美，是当时中欧地区最宽敞和最漂亮的大厅，同时可容纳400余人。东侧的建筑物，设有宾馆，宾客小教堂，

十字军四大首领铜像（立于中堡院内）

以及骑士团的行政机构。中堡内生活设施齐全，储存物资丰富，有医院、桑拿浴、面包房、啤酒作坊、仓库、水井以及牢房等。据说，储存的粮食最多时可供两年食用。

高堡内的水井

高堡，主要是骑士们的宿舍，还有修道院。修道院的钟楼改扩建为瞭望塔，塔高66米。高堡院内有水井，院外有大磨坊。高堡的大厨房，设备齐全，有升降机通食堂，供运送菜肴专用。在二层回廊的一角，雕有一个因腹痛而面目扭曲的小妖怪，他用右手指向高堡西南角的一个悬空的方塔，不明说那是帝王也要徒步去的地方——厕所，表现了骑士文明的幽默。

1410年7月，波兰国王率军包围了马尔堡。他曾根据准确的情报炮击夏厅。当时骑士团大小头目正在夏厅开会，只要炮弹击中夏厅中央唯一的一根柱子，夏厅的天花板就会立即塌落，就可能收获一弹斩首的奇效。但鬼使神差，只差一厘米，炮弹同柱子擦肩而过，打进壁炉上方的墙上。

50余年之后，波兰人不费一枪一弹，就把马尔堡拿到了手中。当时马尔堡财政吃紧，雇佣军司令同波兰谈判，波兰用19万匈牙利金币买下了城堡。武力解决不了的问题用钱解决了。真也是“钱能通神”，古今中外，概莫能外。

此后，马尔堡被瑞典人占领，后又长久地落入德国人手中。二战后，波兰重新修建被战火毁掉的马尔堡，使其重现了14世纪的风采。今天的马尔堡是博物馆，常设的展览有琥珀厅，兵器厅、考古发现厅。每年接待游客50余万人，游人络绎不绝。

哥特式城堡

移动沙丘——波罗的海南岸的奇景

积沙造就的国家公园

波兰斯洛文国家公园建于1967年，它位于波罗的海南岸韦巴渔港的西边，是波兰沿海的一大奇异的自然景观，1977年由联合国教科文组织定为世界生态保护区。

冰河期过后，波罗的海南岸的积沙过程从未间断。在波浪、洋流、海风和阳光的作用下，沿这段海岸线的边缘，大约在5000–6000年前，逐渐形成了一道道的沙堰。当沙堰切断了海湾与大海之间的连接时，便出现了大小不同的沿海湖泊。此后随着积沙过程的发展，沙堰变成了宽阔的沙滩和隆起的沙丘。强劲的海风又给沙丘长了翅膀，使沙丘不停地向前移动。原有的居民点斯洛文涅茨被移动沙丘吞噬了不再存在，今天的斯洛文国家公园则因此而得名。

连绵的“白山”

斯洛文国家公园占地18200多公顷，地貌奇特，复杂。有草地、湿地、河流和湖泊，尤以移动沙丘为公园中的一绝。寻找国家公园中移动沙丘的路线图，主要有红色、黄色和绿色的三条，分

别长为39公里、36公里和18公里，其中绿色路线最短，常常成为游人之首选。进入国家公园之后，为了节省时间，可改乘马车或电瓶车，或借用公园的自行车，走一段沙路，直至移动沙丘的脚下。最大的移动沙丘方圆500公顷，最高点42米。细细的砂石，不再是颗粒，而呈白色的粉末状，因此人们也称这里的移动沙丘为“白山”。

仰望山巅，近在咫尺，不能说它高

波罗的海岸边

有的景观。当抓起一把细砂，仔细端详的时候，一阵风过来把砂粉卷起，像一缕炊烟腾空而去。这沙丘貌似静止，实际是运动的，什么也阻挡不了它行进的脚步。它每年以3-10米的速度向东南方向移动，树木被它吞噬了，村舍被它掩埋了，显示出大自然的威风和力量：所向披靡！

不可攀；攀登山顶，明明是路在脚下，实在是举步维艰。在那砂粉又细又软的山坡上爬行，不仅双脚陷入砂中难于自拔，而且立足不稳，进一步退半步，或欲进反退，像乘坐滑梯一样，溜了下去。然而，这是同大自然亲密的接触，在不断前进和向上的过程中，感到了攀登高峰的快乐，耳边传来的不仅有风声，更有同伴的欢呼登顶的叫声和笑声。

沙丘的波纹，被吞噬的树木

在波兰海岸，居然看到了大沙漠的缩影，这不能不说是一种眼福！然而斯洛文国家公园的景观不止于移动沙丘，它还有河流、湖泊、湿地、草地和森林。7条小河把韦巴斯科、加尔德诺、斯莫尔金和大、小多尔基耶5座湖泊串连在一起，酷似美人“白山”的珍珠项链。游人可乘船从此湖到彼湖，寻觅这片世界生态保护区的奥妙。这里有动物260多种，其中半数是鸟类。更有众多种类的昆虫，尤以彩色斑斓的蝴蝶吸引游人的眼球。

复杂的生态

在一望无际的沙海中，大小高低连绵不绝的沙丘，像驼峰、像蜡象在海边起伏，犹如静止了的大海波涛。沙丘表面一道道整齐的波纹，如同海面上滚动着的波浪。大海和沙丘，海浪和沙浪，大自然中的动与静，构成了一组特

至于人文景观，可以说一个70年前的军事秘密。1940年，纳粹德国的科学家正是在这一片沙漠中研制出V-2火箭，现今能看到的仅仅是指挥所残存的地下掩体和火箭发射架残存的部件——第三帝国崩溃后的残骸。

罗兹和波兹南

罗兹——非同凡响的“小船”

分水岭上的工商业重镇

罗兹，波兰的第二大都市，人口85万。市徽是一只单桨小船。

“罗兹”，是波兰语小船的音译。为什么一个大都市要以小船命名，这同它的地理和历史是分不开的。罗兹地处波兰中心，位于维斯瓦河和奥得河两大水系的分水岭上，有18条大川小溪在这里纵横交错，提供了舟楫交通的方便，

彼得科夫斯卡大街的壁画：破浪的木舟

居民可以泛舟与华沙等地来往。14世纪中叶的文献记载中就称这里的居民点为“罗兹”。当时没有人能够想到，正是这只小船，经过了中世纪的风雨，竟然在工业革命时代，乘风破浪，驶入了波涛滚滚的大海。1820年后，纺织工业在罗兹兴起。1870年—1890年是罗兹工业蓬勃发展的20年。第一次世界大战前夕，罗兹成为全球人口密度最高的工业城市，平均每平方公里13280人。

昔日，人们视罗兹为“天堂”和“福地”，投资者和劳动者从四面八方蜂拥而至。他们是波兰人、俄国人、德国人和犹太人，他们在一起创造了罗兹工商业的辉煌，也使罗兹成为多元文化荟萃的地方。19世纪罗兹发展遗留下的痕迹——纺织工业的厂房、工人住宅区、富商巨贾宫殿式的豪宅、别墅和花园，已成为点缀现代罗兹的风景和吸引世界各国游人的文物。宫殿式的豪宅有200余幢，散落在城市的各个角落。其中最著名的最具代表性的建筑是伊·卡·波兹南斯基宫，今天已辟为罗兹市历史博物馆，成为罗兹市的一种象征。它外观夺人眼目，美丽的房顶装点了一系列象征工业发展的人物形象。宫内布置气势非凡，陈列的展品丰富多彩。波兹南斯基，是犹太工业家，名声显赫。他投资建设的一些工厂商厦，今均改为他用，如罗兹的音乐学院、艺术史博物馆等。

罗兹市历史博物馆，原波兹南斯基宫

钢琴家鲁宾斯坦(雕像)

街头小品

艺术就在生活中

罗兹的一条街，从自由广场到独立广场，全长4.2公里，不仅是波兰，而且是欧洲最长的一条大街，一条步行街。这条街的名字叫彼得科夫斯卡大街(ul.Piotrkowska)。这是一条商业街，也是一条文化街、美食街、休闲街和夜生活街。在这里可以选购各式各样的名牌服装和鞋帽，观赏多姿多彩的文艺演出，品尝亚欧各国的美味佳肴。近年来，这条街一天比一天兴旺，充满了生活的气息，洋溢着文化的魅力。街头装点了许多新创作的艺术作品，其中尤以罗兹名人的雕塑，赢得了游人的啧啧赞美声。无论是什么人，只要喜欢，就可以坐在著名的诗人杜维姆的青铜椅上，或站在杰出的钢琴家鲁宾斯坦的青铜琴旁，同他们谈谈诗歌，说说文艺，合影留念。这对于志向高远梦想翩翩的孩子，该是多么好的享受和多么大的鼓舞。诗人杜维姆热爱祖国，热爱祖国的语言，他发自肺腑的声音，时时在人们的耳畔回响："伴随着高高升起的太阳，我要百倍地努力，盖起一幢十万层的楼房。""每当我听到美丽的波兰语，犹如听到夜莺在歌唱。是一位少女的歌声，给枯木披上了绿装。"

诗人杜维姆的青铜椅

文明的碰撞与融合
——充满魅力的波兹南

波兰中西部商贸中心

波兹南，大波兰省首府，是波兰中西部重要的商贸和工业中心。波兰被第二次瓜分后，直到1918年，它长期处于普鲁士的统治之下。波兹南地理位置优越，东距华沙约300公里，公路和铁路交通十分方便。瓦尔塔河自南向北穿城而过，流向波德边界奥得河。在河流、湖泊、森林环绕之中，波兹南风光如画，生机盎然。著名的波兹南国际博览会，始办于1921年。二战后，从1947年开始，恢复了传统，年年举办，全世界各国客商包括中国厂商在内积极参展，波兹南更因此而声名鹊起。

游览波兹南古城市场

波兹南饱经沧桑。在这里，斯拉夫和日耳曼两大民族间的不同的文明，长期碰撞、交流和融合，形成了独特的耐

波兹南附近古橡树林的古木

波兹南市政厅夜景

人寻味的城市魅力。

各有故事的两个城堡

波兹南有两个城堡，一个是古老的波兰国王城堡，一个是年轻的德国皇家城堡。两个城堡各有各的坎坷，各有各的故事。

波兰国王城堡建于13世纪中叶。是当时波兰国家中最大的世俗建筑物，也是现今保存下来的最古的国王官邸。它见证了1493年十字军大首领向波兰国王俯首称臣的历史。

波兰国王城堡耸立于瓦尔塔河左岸，至今已有700余年的历史。二战时毁于战火，战后已部分地重建。有故事说，波兰梅什科一世接受了基督洗礼，这件事惹怒了魔鬼。魔鬼计划移动山峰，切断河流，淹没城市，用灾难恐吓百姓，使百姓恢复旧的信仰。一天夜里，魔鬼抓起巨大的山石，准备投入河中。恰在此时，被嘈杂声音惊醒了的天鸡，高声地啼叫起来，魔鬼闻鸡鸣而颤抖，一松手，巨石偏离了方向，落在瓦尔塔河左岸，化成峻峭的山峰。日后，这座山就成为波兰国王建造城堡的宝地。现今，这座山则以波兰国王的名字命名，称为普舍梅希尔山。城堡建在这里受到了上帝的暗中保佑。

与波兰国王城堡不同，德国皇家城堡建成于1910年，迄今虽然年过百岁，但仍然是欧洲最年轻的城堡。1918年大

波兹南大教堂夜景

皇家城堡中的无头雕塑

波兰起义，波兹南回归波兰。波兰将德国皇家城堡收归国有，供波兰国家元首支配。1939年二战爆发后，波兹南被划入德国版图，德国当局试图把皇家城堡改建为希特勒的行宫并修建了防空掩体。据考证，希特勒从未到过波兹南，他只是在照片中看到过他想住一住的城堡而已。1945年皇家城堡毁于战火，二战后本拟拆除，但并未这样做。只是拆除了损坏严重的钟塔，并清除了所有的纳粹的标志。1979年皇家城堡被列为文物保护单位，现为文化中心。

历史发展的坐标点
——关于波兹南的传说和现实

波兹南市政厅

波兹南市政厅的故事

波兹南古城的市政厅始建于1300年，16世纪曾遭受火灾，后经重建、改建和扩建，1784年定型为现在的这个样子。一只翼展2米、身高1.8米的巨大的白鹰，兀立在市政厅塔楼的上方。市政厅正面的时钟是1551年安装的，报时的时候，时钟上方会敞开两扇门，有两只山羊走来走去。

关于这两只羊有故事说，安装时钟的那一天，省长在市政厅大摆宴席，主菜有烤全羊。全羊被烤焦了，小厨师急中生智，到草场偷来了两只山羊，准备偷梁换柱。可这两只山羊却逃出厨房，在宴会厅里乱顶乱撞，然后窜上了塔楼。这一闹剧给大家带来了欢乐，于是省长请小厨师一道喝酒，并赦免山羊一死。但省长命令钟表匠，一定要把山羊纳入时钟运行的机制中。

市政厅时钟中的山羊

还有故事说，一位名叫波尔科的少年，他是塔楼号手之子，救了一只翅膀负伤的乌鸟。一天晚上，一位头戴王冠，身披王袍的人走进波尔科卧室，感谢他的救命之恩，赠给他一个小小的金号角，并嘱咐他一旦有险情发生，可立即吹响金号角。然后，来人化作一只乌鸟，飞走了。几年过后，波尔科长大成人，代替父亲，成为新的号手。有一天他发现敌人围城，准备袭击。他急忙吹响了金号角。只见地平线上一片乌云翻滚，遮天蔽日，还传来了鸟的尖叫声。原来那不是云，而是扑向敌人的巨大鸟群。敌人仓皇逃走，波尔科突然发现他的金号角不见了，但金号角曲仍在耳边萦回，成为流传至今的波兹南金号角曲。

纪念碑就是历史

故事归故事，回到现实

教皇保罗二世纪念碑

中来我们会发现，在波兹南街头、花园和公园中有许多建于不同时期的纪念碑。据不完全的统计，有92座之多。这些被纪念的人物和事件，都是波兹南乃至波兰沧桑变化的坐标点，只要把它们串联起来，一幅壮丽的历史素描就会呈现在我们的眼前。

这里有从古到今波兰最伟大的代表人物的纪念碑，也有独具波兹南特色的纪念碑，例如：

——大波兰起义者纪念碑。建于1965年。1918年12月27日，波兹南人民举行起义，结束了长达一百多年的普鲁士的统治。

——波兰地下国家和国家军纪念碑。建于2007年。二战期间，波兰流亡政府领导的波兰地下武装力量——国家军，在反对德军占领的战斗中，做出了自己的贡献。多年后，获得了社会和历史的肯定。

——1956年6月牺牲者纪念碑。建于1981年。1956年6月，在波兹南国际博览会进行期间，发生了军警武力镇压工人游行示威的流血事件，史称“波兹南事件”。对事件的性质，当局开始时错误地定为“反革命事件”，数月后，执政党改朝换代，新领导纠正了前人的错误，确认这是“工人的抗议”。1981年在波兹南事件25周年时，当局同意在密兹凯维支广场为牺牲者立碑纪念。这座碑的造型是两个高高并肩耸立的十字架，左边的十字架上书写“1956”，右边的十字架上依次书写“1968，1970，1980，1981”“上帝啊，争取自由、权利和面包”。

1956年波兹南事件纪念碑

利翰大教堂。波兰最大最现代化的教堂建筑，2004年落成，位于华沙和波兹南之间的斯塔雷·利翰镇（大波兰省）

弗罗茨瓦夫和什切青

弗罗茨瓦夫——“北方的威尼斯”

美丽的弗罗茨瓦夫

美丽“桥都”：西南重镇

波兰西南部重镇弗罗茨瓦夫，位于奥得河中游。奥得河曲曲弯弯欢快地在市中心流淌着。整个城市像一座用大小桥梁串联在一起的、洋溢着青春活力的大花园，人们赞誉它是“北方的威尼斯”，美丽的“桥都”。

弗罗茨瓦夫市河道纵横，是名副其实的水连水桥通桥的“北方威尼斯”。市内有大小桥梁120座，其中尤以格隆瓦尔德大桥最为壮观。这是横跨奥得河的一座吊杆式大桥，桥塔高20米，建于1910年，迄今已逾一百年。据说，举行通车仪式时，德皇威廉二世亲临现场。当时这座桥命名为“德皇大桥”，后改名为“自由大桥”，“格隆瓦尔德大桥”。时至今日，这座百年大桥依然是“桥都”弗罗茨瓦夫一道靓丽的风景线。

弗罗茨瓦夫于1242年获得城市权。这里曾发现公元前10世纪乌日茨文化遗址。这里曾是古琥珀之路的重要商埠。历史上弗罗茨瓦夫属于波兰。在千

格隆瓦尔德大桥

弗罗茨瓦夫古城市政厅

年发展过程中，弗罗茨瓦夫数易其主，也曾归属于捷克、哈布斯堡王朝和普鲁士。1945年5月回归波兰。

在波兰诸多城市中，弗罗茨瓦夫是位居华沙和克拉科夫之后的第三大文化名城。在这里，斯拉夫文化和日耳曼文化融为一体。

保存完好的古城

弗罗茨瓦夫的古城市场，长205米，宽175米，其面积之大，仅次于克拉科夫的古城市场。市场周围的建筑物，建于不同时期，是各种建筑艺术风格的荟萃，其中尤以市政厅最为著名。以市场为中心，有11条街道通往城市的各个角落。19世纪铺设有轨电车，一直到上世纪70年代始停止行驶，整个市场改为步行街。

市政厅门楣上的时钟

弗罗茨瓦夫古城市政厅，是波兰保存最完好的古市政厅之一。它位于古城市场南侧，始建于13世纪中叶，具有哥特式晚期建筑风格。市政厅西北角的高塔，高67米，上面建有文艺复兴头盔式的塔顶。塔正面的时钟，建于1368年，是当时波兰最大的时钟。市政厅正面装饰华丽，给人一种视觉上的震撼。市政厅门楣上方镶有一方形时钟，以日月星辰为指针，表现出创意者的匠心。市政厅经受了战火的考验，同周围相比，它受损较小，据说一颗炸弹击中了它，但未爆炸。1949年后，波兰重新修葺市政厅，将其作为历史博物馆。

弗罗茨瓦夫的人民大厅（原称百年大厅），开创了现代钢筋混凝土建筑技术的先河，2006年被联合国教科文组织列入世界文化遗产名录。该大厅的建设，是为了纪念打败拿破仑的莱比锡战役100周年，故名百年大厅。大厅的主体

礼堂内景

是一个巨大的圆柱形空间，高47米，厅顶直径67米。大厅内可容纳6000余人，如果加上大厅周围的诸多小的空间，总共可容纳10000人，是当时世界上跨度最大的钢筋混凝土建筑。大厅内建有巨大的管风琴，琴盘分上下5层，拥有222个琴键，16706个音管，创下了管风琴的新的世界纪录。

这座大厅见证了许多历史事件。1948年在这里举行了保卫世界和平大会。1957年1月，周恩来总理访问波兰时曾访问弗罗茨瓦夫。弗罗茨瓦夫各界人士在人民大厅举行万人欢迎大会，周总理发表了热情洋溢的讲话，坚决支持奥得—尼斯边界是波德之间的和平边界。

人民大厅

历史的光辉，国家的瑰宝——拉茨瓦维采全景画的幕前幕后

画馆外景

全景画馆乾坤大

拉茨瓦维采全景画馆坐落在弗罗茨瓦夫市内的普尔克内戈大街。俗话说"海水不可斗量"，画馆的外貌虽然不甚高大，但那里面却藏有千军万马的厮杀。

这幅全景画是1894年为纪念科希秋什科起义100周年而创作的。画馆原建在利沃夫。战后，随着人口大迁徙，全景画来到了弗罗茨瓦夫。1985年6月14日方始向公众开放。

波兰惨遭第二次瓜分后，1794年2月，科希秋什科在克拉科夫举行武装起义，吸收远近农民参军，称为"镰刀军"。当起义军奔赴首都华沙时，途中与俄军相遇。4月4日，在克拉科夫东北拉茨瓦维采附近，打响了遭遇战。科希秋什科指挥"镰刀军"，攻占俄军炮兵阵地，首战告捷。在拉茨瓦维采胜战的影响下，华沙等地掀起了起义高潮。

一百年后，为创作全景画，波兰著名画家扬·斯蒂卡（1858—1925）邀请著名的军事题材画家沃·科萨克（1857—1924）和德国风景画家卢·博莱尔参加合作，挥毫作画，1894年6月5日大功告成。参与创作的画家共9人，主要是：斯蒂卡和科萨克画人物，博莱尔和波别尔画风景，另外还有罗兹瓦多夫斯基等5人协助。

重现历史的巨大油画

当我们顺着一条斜坡走廊盘旋而上，登上画馆中央的圆形平台时，时光回到了1794年4月4日。

只见一幅巨大的油画，顶天立地，环立于四周。它高为15米，周长为120米。从平台向下俯视，看得见战场上遗弃的枪支，折断的树木，战壕和焦土……这是一些散落在脚下的实物和模型，它们同整个油画如长天秋水，融为一体，无论你如何仔细辨认，也很难分清画与物，虚与实。而当你环视四周和仰望天空时，会感到地平线在眼前延伸，一望无际，幻觉顿生。在画家笔下，波军统帅科希秋什科，身披白色战袍，骑着枣红

全景画局部——科希秋什科指挥作战

色战马，驰骋在队伍的最前头。由他指挥的“镰刀军”向前冲锋，摧毁了俄军的炮兵阵地。俄军丢盔弃甲，人仰车翻，或仓皇逃窜，或变为战俘。一位农人倒在血泊中，妇女在哭泣，起义的农民把仇恨记在心里，前仆后继地奔赴疆场……这哪里是参观，这是一种参与，在火与血的旋涡中，参与了生死搏斗和呐喊。

现代建筑和科技的背后保障

看完全景画，走下平台，我们享受了一次特殊的礼遇，绕过“参观者止步”的告示牌，走进了全景画的“幕后”。这幕前与幕后，虽然只有一层画布之隔，却具有200年时空之遥。这里看不到战马的狂奔，闻不到炮火的硝烟，听不到厮杀的叫喊，这里不再是古战场，而是现代建筑与科技紧密结合的世界。原来，这顶天立地的油画，不是悬挂在画馆的内壁上，而是悬挂在沿内壁构筑的结构复杂的钢铁支架上。全景画防火防盗的监控系统和安全保障系统，一目了然。

欧洲的第一幅全景画出现于18世纪和19世纪之交，到19世纪中叶，这种艺术形式发展到高峰。但随着时光流逝，许多全景画或完全损毁，或被剪切成片断，不复存在了。拉茨瓦维采全景画幸运地避开了种种悲惨的命运，完好地保存下来，实在是难能可贵。

当离开全景画馆时，我们留恋地望着这圆形建筑，突然感到它比周围的任何建筑，更高大，更深邃。

什切青——“波兰的小巴黎”

波兰最美的城市

位于奥得河下游的什切青，饱经历史沧桑，于1945年回到了波兰的怀抱。波兰几代人为重建什切青，付出了巨大的努力。今天的什切青，旧貌变新颜，被誉为波兰最美的城市，波兰的“小巴黎”。

称誉为“小巴黎”，是不无缘由的。什切青的城市规划受巴黎的影响，是大转盘、林阴路和公园的有机结合。以大转盘为中心，向四面八方放射出8条林

“肖邦”号帆船

阴路，从空中鸟瞰，这城区犹如盛开的花朵，生长在一片片翠绿的公园中。作为城镇，什切青已有一千多年的历史，多处文物古迹，经重新修整而恢复了历史原貌。

奥得河河堤及堤上的建筑群，依然是今日什切青的标志性的建筑。这组建筑群，建于1902–1921年。波兰收复什切青后，将堤上的建筑物改为省府大楼和国家博物馆，并用波兰第一位国王的称号，命名这段河堤为赫劳布雷堤。河堤高出奥得河水面19米。这里是什切青政治和文化活动中心，也是散步休闲的好地方。每年6月海洋节时，这里游人如织，堤上彩旗飘扬，歌声嘹亮，河上千帆竞发，百舸争流，好一派节日风光！

七件袍炮塔

14世纪中叶，什切青古城建有完整的城防体系，有城墙，炮塔，护城河，其中七件袍炮塔是迄今残存的炮塔之一，上世纪70年代按照原样重建。七件袍炮塔，红砖尖顶，美观凝重。为什么叫七件袍？有两个不同的传说。一说，当时在位的大公准备朝圣，买好衣料找裁缝做了7件袍子。巧手裁缝用余下的衣料偷偷地为自己的女人做了一件漂亮的裙子，大公发现此事，一怒之下将裁缝投入监牢。这座炮塔就是监禁裁缝的牢狱。一说，大公有7个女儿，她们竟敢违反父命，追求恋爱自由。大公十分恼怒，把7个女儿监禁在炮塔里。7

七件袍炮塔

什切青省府大楼和国家博物馆

水泥运油船

个女儿各做了一件黑色长袍以示抗议。日子一天天过去了，女儿们也不回心转意。又过一些日子，突然发现女儿们不见了，只留下7件袍子悬挂在炮塔里。女儿们到哪里去了，迄今还是个不解之谜。但在人们的想象中，是自由战胜了专制，她们被意中人救走了。

战争遗痕

二战时盟军的空袭严重地摧毁了什切青，时至今日依然可以寻找到二战时的痕迹。近年来，什切青开放了二战时的防空洞供游人参观。其中之一，建于1941年，深入地下15米，总面积2500平方米，墙体厚达2-3米，进入防空洞的隧道高5米。洞内有各种设施和展品，可供游人抚今追昔。与此同时，什切青还有一件奇特的展品吸引着猎奇者的目光，这就是1941年德国建造的水泥运油船。这是一个长90余米的庞然大物，德军逃离时把它沉入什切青湾，试图阻断什切青的出海通路。二战后，打捞出水，泊放在顿巴湖水面。

二战后重建什切青的努力巨大而惊人，成果丰硕而美丽。1979年，在卡斯普罗维奇公园中建造了一座纪念碑，以彰显波兰人建设什切青的壮举。这座纪念碑，高30米，碑的造型是三只展翅高飞的白鹰。每只白鹰重15吨，最长翼展12米。白鹰是波兰人的图腾，三只白鹰代表着什切青的三代人。正因为有了波兰人一代又一代的不懈奋斗，人们今天才能够感受到什切青又古又新的风采。

三只白鹰纪念碑

托伦和弗龙堡

托伦——哥白尼的故乡

哥白尼，伟大的天文学家，是波兰人民的骄傲。

哥白尼诞生地

哥白尼纪念碑（局部）

为了缅怀哥白尼，人们从华沙出发，经托伦和奥尔斯丁，前往弗龙堡，沿着哥白尼的足迹，访问哥白尼生活和工作的地方，这条路被称为"哥白尼之路"。

托伦是一座历史名城，位于维斯瓦河中下游，地处华沙和格但斯克之间。城市的建筑红砖红瓦，独具风格。伟大的天文学家哥白尼是托伦的名片。他的全身立像竖立在老城中心。这尊铜像建成于1853年，高2.6米。哥白尼身着教授礼服，左手持天文仪器，右手食指指向天空。碑座正面的拉丁文称："哥白尼，托伦人，他转动了地球，固定住太阳。"背面书有哥白尼的生卒年月日。这座纪念碑端庄伟岸，同华沙哥白尼纪念碑不分伯仲。

托伦市内哥白尼大街17号红砖小

托伦

楼是哥白尼故居。1473年2月19日，哥白尼在这里诞生，并在这里度过了童年。

伟大的天文学家

哥白尼故居

哥白尼10岁丧父，由舅父瓦泽尔罗德主教抚养成人。18岁入雅盖隆大学，攻读天文学和医学。23岁赴意大利留学，寒窗十载，钻研法学、数学和天文学。1506年返回波兰，虽然从事牧师工作，但醉心于天文观测和研究。1510年前后开始撰写《天体运行论》，约在1530年最后完成全书手稿。但他深知，他的理论同《圣经》的条文和教义背道而驰，在他灵魂深处，追求真理和迷恋信仰始终在剧烈地搏斗着。他的书稿尘封了12年，直至1543年始印刷成册。

是年，哥白尼已病入膏肓，长卧病榻。在弥留中，他似乎还在等待。终于在5月24日，他的友人送来了一部刚刚印好的《天体运行论》，这是他一生心血的结晶，他用手抚摸着这部伟大的科学著作，一颗悬念的心停止了跳动。他与世长辞，含笑于九泉之下。

哥白尼的伟大成就是以日心说否定了地心说。古希腊天文学家托勒密（约90—168）的地心说，在西方统治长达一千多年，被教会视为神圣不可侵犯的经典，成为证明上帝存在的依据。哥白尼以其周密的实际观测和系统的理论论述，“固定住太阳，转动了地球”，推翻了托勒密体系。哥白尼的结论是，地球不是宇宙的中心，地球和其他行星是围绕太阳运行的。

日心说的提出具有划时代的意义，是天文学的一次伟大的革命，它标志着自然科学同神学的分离和独立，使自然科学从神学的桎梏中解放出来。同时它沉重地打击了封建神权的统治，引起人类宇宙观的重大变革，开创了各门科学向前迈进的新时代。人们公认，现代的自然科学是从1543年诞生的。

伟大的诗人歌德曾经说：“哥白尼的地动说撼动了人类的意识，其程度之深，是自古以来没有一种创见和发明可

托伦古城门

以与它相比的。在哥伦布证实了大地是球形之后不久，地球为宇宙主宰的尊号也被剥夺了。自古以来没有这样天翻地覆地把人类的意识颠倒过来。因为地球如果不是宇宙的中心，那么无数古人相信的事物都成为泡影。谁还会再相信什么伊甸的乐园，赞美诗的歌颂，宗教的故事？"一言以蔽之，哥白尼点燃的一把火，使那些描绘基督教教义的美丽诗词，顷刻间灰飞烟灭。

奥尔斯丁和弗龙堡——哥白尼工作过的地方

奥尔斯丁城堡

哥白尼之路的第二站是奥尔斯丁。

走向奥尔斯丁，远远地看到一座高耸入云的铁塔。这是波兰的最高建筑物——高360米的广播电视塔。它位于奥尔斯丁的东南方，丽山小区。看到了它，奥尔斯丁也就不再遥远了。

奥尔斯丁是波兰东北部重镇，瓦尔米亚–马祖里省首府。在奥尔斯丁，哥白尼留下了自己的足迹。他1516–1521年曾在这里工作，任瓦尔米亚长老院行政主管，此后又4次来奥尔斯丁视察。奥尔斯丁城堡是哥白尼生活和工作的地方。当时哥白尼住在城堡东北角的一间颇大的房间。这个房间有两扇门，一扇门通回廊，便于哥白尼夜间到室外观察星象，另一扇门则直通办公室。今天的城堡是奥尔斯丁的博物馆，哥白尼居住过的房间则是馆中常设的哥白尼展览厅。

展厅里的展品十分珍贵，有500多年前哥白尼使用过的药典和各种实物，特别是哥白尼在观测星空时亲手在墙壁上绘制的天体运行的轨迹图，是馆内的镇馆之宝。据考证，此图的绘制时间为1517年。

弗龙堡

哥白尼画像

人们都知道哥白尼是伟大的天文学家，但人们较少知道哥白尼还是经济学家，是近代第一篇货币论的作者。哥白尼提出的"劣币驱逐良币"的论点，后来成为著名的"格雷欣定律"。就是说，当政府发行的货币如无稳固的基础时，人们就会把信誉好的货币(良币)贮存起来或流向境外，而用信誉差的货币(劣币)去缴纳税赋。结果良币不再流通，劣币充塞国库。哥白尼曾为波兰国王齐格蒙特一世准备过改革货币的方案。他撰写的有关货币和财政问题的论文，也是在这座城堡中完成的。

弗龙堡——哥白尼城

离开奥尔斯丁继续北上，就到达哥白尼之路的终点站弗龙堡。1512—1516年和1522—1543年哥白尼曾两度在这里生活和工作，因此人们又称弗龙堡为哥白尼城。

弗龙堡位于维斯瓦湾南岸，集渔港、客运和游艇码头于一身，是一个风光秀丽的古镇。教会山上的建筑群，包括宏伟的哥特式的大教堂、主教官邸、城墙、箭楼和钟塔等，已列为世界顶级文物。大教堂建于1329–1388年。钟塔高出海拔70米，其上方设有天文馆。

弗龙堡大教堂内景

重葬哥白尼

弗龙堡大教堂

在弗龙堡，哥白尼先后任牧师和主教。靠神权吃饭做学问，从神甫、主教变成了科学家。正是在弗龙堡，哥白尼写下了《天体运行论》，把一生心血的结晶留给了后人。也正是在弗龙堡，哥白尼告别了人世，2010年5月22日，又举行了遗骨重新安葬的仪式。

哥白尼生活和工作过的箭楼，今称“哥白尼角楼”。在哥白尼角楼，人们可以看到哥白尼使用过的各种古老的观测天象的仪器，可以感受到哥白尼追求真理的执著和艰辛。弗龙堡的地势虽然开阔，但气象条件不佳，常常是阴多晴少，云雾弥漫，不利于星象的观测。哥白尼常常叹息他没有托勒密在尼罗河畔天朗气清的好运。但哥白尼不动摇，不气馁，不放弃，他利用了可能利用的时间，30年如一日，积累了大量的观测材料和进行了反复的比较和运算，终于摆脱了托勒密的羁绊，提出了日心说，迎来了科学的春天。

哥白尼角楼

从托伦到奥尔斯丁到弗龙堡——哥白尼之路就是勤奋执著勇攀科学高峰之路。追求真理，是哥白尼一生遵循的座右铭，它深深地铭刻在我们的脑海中。

野牛的天堂——比亚沃维耶扎国家公园

欧洲野牛和古森林

“请尝尝，这是波兰特产欧洲野牛草酒。”

一位波兰朋友在他的郊区别墅举行夏日酒会，他热情好客，说大家在一起不能缺少“那个厉害的”。于是他打开一瓶酒，瓶外贴有一头野牛商标，瓶内浸泡一根枯草，散发出一种特有的清香。

野牛草酒

我们一边品尝野牛草酒，一边谈起欧洲野牛的命运。

在远古时代，在中欧地区森林中生存的许多动物中，欧洲野牛最为剽悍。它身长3到4米，身高2米有余，体重达800到1200公斤。它身披褐色皮毛，头和颈长着很长的鬃毛，摆动两只短而粗的犄角，也颇威风凛凛，算得上森林中的美髯公了。它虽然没有利爪，但那两只犄角的力量谁也不敢小瞧。它逍遥自在，在浩瀚的丛林中，食用那鲜美的野牛草，被尊作“森林之王”。自古以来，比亚沃维耶扎大森林曾是欧洲野牛的天堂。

但欧洲野牛也有敌人，这敌人就是人类中失去理智、自以为是的那些人。他们不断地破坏生态环境，对森林滥砍滥伐，挤压野牛的生存空间；对野牛更是滥捕滥杀。从中世纪起，欧洲野牛的数量急剧减少，到20世纪20年代濒临灭绝。欧洲野牛的野生群体不见了，只是在瑞典和德国等国家的动物园中尚幸存不到50头苟延残喘者。

1923年成立了国际欧洲野牛保护联合会。是时，波兰政府从瑞典买入两头母野牛，从德国买入一头公野牛，圈养在比亚沃维耶扎国家公园中，进行种群的抢救和繁殖。经过几十年的努力，现在比亚沃维耶扎国家公园里大约有270头欧洲野牛在繁衍生息。经过半个多世纪的努力，经营和保护，今天的确是旧貌换新颜了。1979年，比亚沃维耶扎国家公园列入世界自然和文化遗产名录。

波兰的欧洲野牛

比亚沃维耶扎一游

比亚沃维耶扎大森林地跨波兰和白俄罗斯两个国家。从1947年开始，波兰境内整个比亚沃维耶扎大森林处于国家的保护之下，建立了比亚沃维耶扎国家公园。面积10500公顷。公园的中心地带划为严格保护区。国家公园中保持了物种的多样性，有植物3500种，主要是松、桦、椴、橡；动物10000种，其中哺乳动物44种，有野牛、野马、野猪、麋鹿；飞禽250种。严格保护区中，林木的特点是保持自然的原始状态，种类不一，树龄不同，高低有别。其中有1500株古树，被誉为“自然界的纪念碑”。在欧洲，这座森林公园是保存最好的自然森林群落。

在比亚沃维耶扎小镇，最著名的建筑物莫过于自然和森林博物馆了。博物馆始创于1919年，1972年由旧馆址迁移至此处。展出面积虽然只有1150平方米，但展品丰富，各种图片、表格、标本井然有序。从这些展品中，可以了解比亚沃维耶扎大森林和国家公园的历史，了

比亚沃维耶扎大森林中的植被

森林中的猎人宫

解人类在大森林中的生活和生产活动，感知砍伐、狩猎、战争对自然界的影响和如何造成动物物种的演变。还可以了解半个多世纪以来波兰人保护和繁殖欧洲野牛的过程和成果。在博物馆中，鸟类标本之多，之精，之美，是罕见的。

在比亚沃维耶扎小镇，波兰科学院和华沙大学设立了自己的研究机构，不少专家和学者常年在这里从事科研工作。在他们的努力和指导下，野牛的繁殖工作开展得很成功，野马和猞猁的繁殖工作也在顺利地进行着。

千年橡树参天而立，蔚为壮观。有一株树围6.4米，另一株树围7.5米，还有一株更大的橡树，以波兰国王的名字命名，叫雅盖沃橡树。传说，雅盖沃国王在同十字骑士团进行格隆瓦尔德大战的前夕，为补充军粮之不足，曾在大森林中狩猎，并将获得的猎物放在这棵橡树的下边。由于橡树的庇护，所有的猎物无一丢失，无一腐变。国王打了胜仗，橡树也是有功之臣，人们称它为雅盖沃橡树。只可惜这棵巨大的橡树在1974年倒下了。

在池塘边上，有一方柱形的石碑，立于1752年。碑上记载着波兰奥古斯特三世的狩猎成果：猎杀野牛42头，麋鹿13只，梅花鹿2只。把国王狩猎的赫赫战果，同当今几经努力才繁殖成活的野牛数相比较，人们在石碑面前免不了唏嘘不已。

现今在比亚沃维耶扎大森林共存活270余头野牛。有的在圈养区，有的在放养区。

在圈养区的木板栅栏外面，设有观牛台。从台上可观看到几头健壮的野牛，有的站着，有的卧着，悠然自得地甩着尾巴。它们有吃有住，无忧无虑，只是活动区域终究有限，缺少些自由。

在放养区，人们可以乘坐专用车辆前往观察野牛的生活习性。这里放养200余头野牛，是在自然环境中生存的最大的野生群体。它们对车辆的到来，习以为常，有的抬头看看，有的根本不予理睬，继续低头吃草。这里的野牛都编了番号，还各有姓名。凡在波兰出生的野牛，其名字均以“波”字开头，有的叫波拉乃克，有的叫波拉尔卡，等等。一句话，这些野牛都姓波。

明山修道院
“洪水”中的孤岛

形同要塞的明山修道院

350余年前，即1655年，波兰和瑞典发生战争。瑞典国王统率4万大军进攻波兰，来势凶猛，锐不可挡。华沙、克拉科夫等重要城市相继沦陷，一些大贵族纷纷叛国降敌，国王也被迫逃至国外。骄横的瑞军像洪水一样吞没了波兰。但在明山却遭遇到顽强的抵抗。

钦斯托霍瓦公园

明山，位于波兰腹地，是钦斯托霍瓦市郊的一个海拔近300米的小山冈，虽然不算太高，但修建在山冈上的修道院，形同要塞，易守难攻。1655年11月18日，明山修道院被瑞军围困。瑞军多达3000余人，配有火炮。修道院的保卫者只有260人，双方力量对比悬殊，明山面临累卵之危。瑞军要求修道院缴械投降，保卫者大义凛然，绝不屈膝，他们居高临下，据险固守，打响了明山保卫战。攻守双方对峙整整40天。终于在明山脚下，发生了奇迹，围困修道院的瑞军败退了，明山保卫战胜利了。

波兰伟大的文学家、诺贝尔奖获得者显克维支在其著名的历史小说《洪流》中，真实地再现了明山保卫战的故事。

通往明山修道院的显克维支大道

明山保卫战的智慧

明山保卫战的主将，是修道院的科尔德茨基神父。在他的领导和指挥下，修道院高大的院墙变成要塞和堡垒。为了排除瑞军攻城巨炮的致命威胁，一位骑士挺身而出，视死如归，演出了一场“红肉灌肠”喂大炮的英雄戏。他乔装打扮成瑞军军官，抱起他早已制造好的炸药包——他戏称是“红肉灌肠”，选择一个漆黑的夜里，混进瑞军阵地，成功地把“红肉灌肠”塞进攻城巨炮的炮口。然后他点燃了导火索。

“轰”的一声巨响，攻城巨炮成为一堆废铁。瑞军指挥官米莱尔决定撤退时玩了一个花招，他要求修道院缴纳赔偿金。他的如意算盘是，只要波方应诺赔偿，不论赔偿多少，都是瑞军获胜的象征，瑞军的撤退都将是体面的。条件提出后，米莱尔将军自以为得计，坐等答复。这是攻守双方斗智斗勇的关键时刻，也是考验势单力薄的保卫者必胜信念的时刻。米莱尔焦急地等待着，科尔德茨基终于送来了两件“礼物”：其一是，排炮轰鸣，无数颗炮弹从天而降，落在瑞军的前沿阵地上，其二是，瑞军指挥所收到了一个硕大的包裹，打开一看，原来是一张薄薄的圣饼，没有分文银两。米莱尔目瞪口呆，望着从前沿溃败下来的士兵，悻悻然下令撤退。他的

明山古炮

狡诈和勒索成为画饼。

修道院保卫战的胜利使波瑞战争出现转机。此后不久，1656年初，卡吉米日国王回国，4月1日国王在利沃夫教堂举行宣誓仪式，他庄严地宣布把“整个国家奉献给圣母”，并号召和领导波兰军民抗战。1660年波兰与瑞典在奥利瓦签订和约，结束战争。

自此之后，明山成为波兰人的圣地。在人们的意识中，明山保卫战之所以胜利，与其说是保卫者浴血奋战的成果，莫如说是圣母庇护波兰的奇迹。修道院供奉的圣母被誉为波兰国家的庇护神。年年岁岁前往明山朝圣者摩肩接踵，络绎不绝。明山朝圣，成为波兰人宗教活动的传统，时至今日，经久不衰。

圣母，明山的灵魂

保存完好的艺术品

每次去明山都能看到同样的景象：这里人气旺盛，修道院内外，人山人海，朝圣者和游人，出出进进，略感拥挤。特别在那些珍贵的展品前面，人们久久驻足，不愿离去。

明山修道院的钟塔，高106米，塔身修长，具在鲜明的巴洛克建筑风格的特色。在波兰同类建筑物中，名列前茅，可以说是最高和最美的。这座塔几经毁坏和修复，目前是第五代，它的底座

明山修道院

的战利品和各种纪念品，以及18世纪以来的各种军功章等等。在许多展品中，引人注目的有1655年瑞军遗留的炮弹，还有1683年波兰国王索别斯基指挥维也纳解围战胜利后的有关的战利品。

珍宝馆，是名实相符的艺术博物馆。展品琳琅满目，熠熠生辉。展品的时间跨度是600余年。博物馆的管理和展出给人留下两点深刻的印象。一是，从17世纪开始，修道院严格实行登记造册制度，一直持续至今，从未中断。尽管有过战祸和一百多年的亡国，但所有的珍品均完好地保存至今日。二是，展品中有历史价值颇高的艺术品，例如波兰国王齐格蒙特一世佩带的祭祀品，波兰国王维希纽维茨基1670年在修道院举行婚礼时的馈赠，还有率众抗击瑞军的修道院主持科尔德茨基的祭祀品。此外，还收藏了一些具有特殊意义的纪念品，例如战时纳粹集中营中

建于1714年，而塔的尖顶则是20世纪建造的。塔分5层，有516级阶梯，可攀登塔顶，鸟瞰四周。在第一层，悬挂着大小铜钟36口，是一组精美的打击乐器，可演奏圣歌。

兵器馆，位于院落的西侧，原为存放枪支弹药的仓库，1969年后改为兵器博物馆。馆内的展出大体分三个部分，一是古代兵器，多为骑兵的盔甲和长矛。二是要塞的历史，其中突出了明山保卫战的胜利。三是各种军用品，包括缴获

“囚犯”的赠礼。这些文物的精神价值和道德价值是难以计量的。

修道院的大餐厅是一个多功能厅，是明山修道院最漂亮的地方。从建筑设计角度看，可称之为成功的杰作。从内部装修看，其富丽堂皇堪与宫廷的厅室媲美。正是在这里，1670年波兰国王维希纽维茨基同奥地利公主举行了婚礼。正是在这里，修道院接待过来访的外国元首、大主教和朝圣的神父们。

“光明之山”，精神象征

与大餐厅不同，修道院的图书馆显得小巧，朴素。馆内有8000余册藏书，其中有珍贵的孤本和手稿。但它的重要地位和意义，不在于馆藏，而表现

大教堂主祭坛

明山圣母像

在它有一个“公开的秘密”，即自1920年开始，这里成为波兰罗马天主教主教团会议的会址，是主教团的最高的议事殿堂。主教团的重要文告，正是从这里传至波兰的四面八方，无怪乎明山有着波兰的“精神首都”的称号了。

参观接近尾声，但还不能说已经看到了明山的与众不同。明山之所以扬名遐迩，是因为明山修道院有圣母画像。这可是人们心目中的镇国之宝！当我们走进圣母小教堂，那里早已挤满了人，大家都在等待一睹圣母画像的神圣时刻。时间在悄悄地流逝，小教堂内一片寂静。终于钟声响起，圣坛上的小木门轻轻开启，圣母玛利亚怀抱圣子耶稣的画像显现出来……

明山，明山，“光明之山”，在信众的心目中，圣母是明山一切一切的灵魂。

二战遗留的丑陋疤痕

奥斯威辛集中营
——纳粹德国的杀人工厂

奥斯威辛集中营

罪恶之渊薮

奥斯威辛，是波兰小波兰省的一个城镇，位于克拉科夫以西约30多公里的地方。1940年4月，纳粹德国在这里建造了奥斯威辛集中营，成为纳粹德国在欧洲的最大的杀人工厂。1945年1月27日苏联红军解放了奥斯威辛集中营。1947年，集中营辟为遗址博物馆，保留了纳粹刽子手们仓促逃窜时来不及销毁，或尚未彻底销毁的集中营的原始面貌。1979年，联合国教科文组织将遗址列入世界文化遗产名录。

有人会问"你参观过波兰的奥斯威辛集中营吗？"提问的朋友无意中说了一句可能引起误解的有语病的话。请注意，千万不要把奥斯威辛集中营说成是"波兰的"。不，它不是"波兰的"，它是纳粹德国的！

人间地狱的实证

有人要我谈谈印象。我说：我参观过奥斯威辛集中营遗址博物馆，印象之深，九死不忘。那里的一切，惨不忍睹，令人窒息！

什么叫"人间地狱"？什么是"死亡工厂"？纳粹德国的奥斯威辛集中营就是一个活生生的例证。

在毒气室和焚尸炉，在"医学试

奥斯威辛集中营死墙(Ray Zhang摄)

验室”和死墙，在数以吨计的女人的头发和堆积如山的鞋子和眼镜框中，纳粹主义仇视人类，其兽性的疯狂和丑恶，凶狠和残暴，表现得淋漓尽致。他们犯下的反人类的滔天罪行，是难以用语言来描述的。即使用“罄南山之竹，书罪无穷；决东海之波，流恶难尽”，也不足以概括其一二。

在奥斯威辛集中营屠杀了多少无辜的不幸的人！过去说是400万，今天说是110万—150万，究竟是多少呢？这确实是一个令人困惑的问题。

数字不能掩盖真相

大家知道，二战后，在纽伦堡法庭审判中，奥斯威辛集中营长官霍斯本人曾供认，“有250万人是在毒气室和焚尸炉中被消灭的，至少还有50万人死于饥饿和疾病，总数为300万人。”（后来在华沙法庭审判时，他改供为113.5万人。）1945年1月27日苏联红军解放奥斯威辛集中营后，苏联当即成立一个专门委员会进行调查，获得的数字是400万人。包括我国《辞海》在内的一些中外辞书中，多年来一直采纳遇难人数为400万人的论断。但近年来有了新的说法，在奥斯威辛集中营解放60周年纪念活动的新闻报道中，大多使用了110万—150万遇难者的数字。

波兰学者在一篇题为《真实的历史》的文章中说，“几年来，有关奥斯威辛集中营遇难者人数问题出现了不同说法。从1990年以来，可以看到不断缩小遇难者人数的倾向。现在说遇难者是110万—150万人。这是今天使用的正式数字，但它同证人的证词和保存的文件有着明显的矛盾。”在波兰，人们担心“有关遇难者人数的争论，在很大的程度上掩盖了最重要的一个问题，即掩盖了希特勒灭绝人性的制度的罪恶”。

究竟在奥斯威辛集中营有多少遇难者，《第三帝国的兴亡》的作者夏伊勒说，“人们将永远无法知道它的确切数字。”因为，嗜血成性的刽子手们，不仅不做如实的记录，而且销毁了一切可能销毁的罪证。今天，逃脱浩劫的幸存者还在，集中营的遗址还在。这人证和物证，已把纳粹主义牢牢地钉在人类历史的耻辱柱上。

集中营大门

暴君的"狼穴"——希特勒的大本营

天然伪装的地堡

"狼穴"是第二次世界大战时期纳粹德国希特勒在腊斯登堡的东线大本营。它位于波兰瓦尔米亚–马祖里省肯琴县的盖尔沃日的一片茂密的森林中。现今的"狼穴"是一堆又一堆的钢筋混凝土的残垣断壁，是残留在马祖里湖区美丽风光中的一块丑陋的疤痕，已成为旅游参观场所。

1939年9月1日，希特勒侵略波兰，发动了第二次世界大战。他占领波兰后，就密谋对苏联发动战争，开始在东普鲁士秘密修建地下指挥部，称之为"狼穴"。1941年6月22日纳粹德国发动对苏战争，希特勒等纳粹头目即于6月24日进驻"狼穴"，加足马力地开动起庞大的战争机器。

"狼穴"占地250公顷，是一所共有大小200栋建筑物的建筑群，其中50栋是地堡（避弹所），构成了战时纳粹德国最高当局在东线的驻地和指挥中心。希特勒之所以选择这里修建大本营，是因为这里靠近苏联，是当时纳粹德国最密集和最牢固的筑垒地域，这里的众多湖泊构成了防御步兵进攻的天然屏障，这里的茂密的混合林不论夏冬均为有利的天然伪装。在战争期间"狼穴"依靠森林的掩护骗过了苏军和盟军的侦察，也骗过了周围居民的耳目，从未受到外来的袭击。

狼穴地堡废墟

"狼穴"的配套设施完备，有发电厂、火车站、飞机场，还有游艺厅和电影院。"狼穴"建筑

狼穴地堡废墟

物的特点，一是坚固，二是隐蔽，三是戒备森严。供希特勒等纳粹头目使用的地下堡垒，其钢筋混凝土墙壁和顶部厚达5至8米，且分内外双层，内外层之间是宽约1米的空气层。这样的外墙，不仅可以防弹，而且可以减震。即使遭到炸弹的袭击，室内也不会产生剧烈的震荡。每栋建筑物上面布满塑料树，伪装成森林，以假乱真，逃避空中侦察的耳目。电台的发射塔可升可降，使用时升起，开启屋顶，竖立空中，使用后降下，关闭屋顶，藏于地下。整个"狼穴"戒备森严，建筑物的布局分成内外三层，每层都围以带刺通电的铁丝网和地雷带，暗堡和哨所栉比鳞次，党卫军日夜巡逻。希特勒起居和工作的地下堡垒，位于内院，严加防卫，即使是将军和部长进出，都得出示一次性有效的特别通行证并登记在册。

希特勒盘踞"狼穴"，指挥对苏战争，前后三年，计800余天，直至1944年11月20日，方始逃离。希特勒曾妄想在三个月内摧毁苏联，进而征服世界，岂不知他进驻"狼穴"之日，就是他走向最后崩溃之始。当苏联红军反攻逼近东普鲁士，在希特勒离开"狼穴"两个月后，1945年1月24日，德军工兵将"狼穴"炸毁。据估算，当时每座地堡内安放的炸药不少于8吨。1月27日苏联红军进占"狼穴"。

失道寡助
——"狼穴"炸窝的前后

身在前线的德军将领早已预感到德国必败，但身在"狼穴"中的希特勒依然一意孤行。德军中密谋反对希特勒的一股风潮悄然兴起。

1943年，密谋分子曾6次进行暗杀希特勒的尝试，但均未得手。到了1944年7月20日，一颗炸弹终于在希特勒身边爆炸了。历史上有名的7·20事件，正是发生在"狼穴"，是名副其实的"狼穴"炸窝。希特勒的丧钟开始敲响了，这是"狼穴"中最富有戏剧性的一幕。

1944年7月20日那天中午，一个只有一条臂膀的名叫施道芬堡的上校军官，他作为后备军参谋长，应召从柏林来到"狼穴"大本营，向希特勒汇报补充

7·20事件纪念碑

兵员问题。他跟随凯特尔元帅，提着公文包走进了希特勒的会议室。他的公文包中藏有一枚定时炸弹。在希特勒注意听取第一个人的发言时，施道芬堡顺手将公文包放在宽大的会议桌下，然后就人不知鬼不觉地溜出了会议室，躲在暗处观察动静。几分钟过后，12时42分，施道芬堡听到了炸弹的爆炸声，看到了会议室浓烟滚滚，火光冲天。他断定希特勒已经丧命，随即巧妙地骗过三道武装门卫的阻拦，逃出“狼穴”，乘飞机赶回柏林。

但，施道芬堡意想不到的是，有人移动了他放在靠近希特勒脚下的公文包，将它移动到会议桌厚厚的底座的外侧。这个无意的移动，使炸弹远离了希特勒，使炸弹和希特勒之间隔上了会议桌的底座。正是这个距离和底座救了希特勒的一条命，希特勒只是受了轻伤。

施道芬堡的暗杀行动，本来是一部分德军将领为反对希特勒一意孤行和试图同英美媾和而周密谋划的。但出乎施道芬堡意料的是，他在柏林的同谋者并未按预定的计划举行军事暴动，这使希特勒获得了反扑的时间。

后来据目击者说，这一声巨响，只炸得希特勒三魂出窍。他惊呆了，开始是一言不发，接着是声嘶力竭地叫嚷着“格杀勿论”。这一声巨响，只炸得“狼穴”中的纳粹头目乱作一团。他们相互指责，争吵不下。正在这个时候，希特勒的难兄难弟、意大利法西斯头子墨索里尼也来了。希特勒故作镇静，陪同墨索里尼视察爆炸现场。墨索里尼吓坏了，居然在希特勒的大本营发生了这种事。但他还是吹捧希特勒大难不死。

惊魂未定的希特勒开始疯狂反扑，进行血腥报复。他依仗党卫军，平息了柏林的军事叛乱。有7000多人被捕，4900余人被处死，其中有三个陆军元帅——维茨勒本、克鲁格和隆美尔。他们三人，一个被绞死，两个被迫自杀。

此后不久，希特勒借口西线战事，逃离“狼穴”，龟缩柏林，直至灭亡。

1992年，在“狼穴”炸窝的遗址处建立了一块石碑，外形颇像一本翻开的书，上面铭刻了施道芬堡的名字和事迹。碑文用波、德两种文字写成，其中有言：“反对希特勒暴政的人，付出了生命的代价。”

看了“狼穴”的废墟，看了这块石碑，人们不约而同地得出一个结论：不管“狼穴”多么坚固，却无法成为希特勒的安乐窝。历史是一面镜子，得道多助，失道寡助，这是颠扑不破的真理。

马祖里省湖区小城米科瓦伊基

5

We all live on the same planet

甜蜜的尾声

喜欢过节的波兰人

华沙的除夕夜

除夕夜的活动

名目繁多的节日

节日天天有，节日何其多！波兰人喜欢过节，节日的名目繁多。有国家的、宗教的、各行各业的节日，还有纪念历史名人和重大事件的节日，以及个人或家族的节日，恐怕没有人能说清楚，一年四季究竟要过多少个节日。

国家法定的节日，有的是全民休假日，有的则不休假。宗教节日和民间传统节日，也是一样，有的休假，有的不能休假。节日与节日不同，虽说都叫节日，但其重要性和意义以及过节的形式和内容是不一样的。

波兰第一个由国家法定的节日，据史书记载，是7月15日格隆瓦尔德大会战纪念日。先是由雅盖沃国王倡议，后由雅盖隆契克国王立法确定。

今天，法定的放假的国家节日有：5日1日劳动节，5月3日宪法节，11月11日独立节。放假的宗教和传统节日有：新年、复活节、圣体节、圣母升天节、万圣节、圣诞节等。而法定但不放假的节日，主要有：国旗日、卡廷牺牲者纪念日、胜利日、纳粹集中营牺牲者纪念日、华沙起义纪念日、建军节、海洋节、团结自由日、教师节、保罗二世纪念日、军管牺牲者纪念日、矿工节，等等。

热烈又欢乐的节日氛围

假如有幸恰好在劳动节，特别是宪法节和独立节的时候来到了华沙，就可能目睹到盛大的节日阅兵和游行的场面，就可能倾听国庆节音乐会的演唱和走进狂欢队伍的行列。尤其在逢五逢十的年份，庆祝活动的内容更丰富，形式更

饺子节

“克拉科夫人”舞

多样，气氛更热烈。国家、议会、政府最高领导人，社会各界名人和外国使节参加活动，与众同乐。鲜艳的白红两色的国旗和五色缤纷的彩旗，鲜花，气球和招贴画把整个城市装点一新，营造出一派又庄重又热烈又欢乐的节日气氛。

Tips

波兰的美食

越来越多的人到波兰旅行时，发现这里有不少美食，比如洋水饺(pierogi)，卷心菜包肉、水煮卷心菜配香肠或者油浸鲱鱼等。波兰美食以谷类为基本原料，黑麦面包是欧洲中部特有的食物。荞麦也很常见，是波兰最受欢迎的配菜。腌渍的蔬菜如黄瓜、甜菜根、卷心菜(酸菜)等成了波兰烹调不可或缺的部分。

多姿多彩的传统节日

波兰人十分重视宗教的传统的节日。这些节日早已失去了古时的神秘色彩，而成为遥远的过去时光的彩色沉积和记忆。其中传统味道最浓的莫过于圣诞节、复活节、万圣节。

团聚的圣诞节

圣诞节(12月24–25日)，是传统节日中最隆重和最喜庆的节日，也是家族团聚的节日。过节的习俗，各地区大同小异，但必不可少的节日元素是圣诞树、圣诞老人、圣诞晚餐。在圣诞晚餐的餐桌上，要多摆放一套餐具和留出一个席位，准备迎接陌生而饥渴的迟来的客人。各家各户都尽可能把圣诞晚餐准备得丰盛再丰盛，按传统习俗，要吃鱼而不吃肉，要摆出13道菜。在午夜钟声响起的时

圣诞夜图

候，大家起立相互拥抱亲吻和分食隐藏在餐碟下面的圣饼，藉以表达内心深处的良好的祝愿。这情景是无比的神圣和温馨的。晚餐过后，一家人围坐在圣诞树下，互赠礼物。礼物是事先悄悄地准备好，包装整齐，放在圣诞树下的，彼此保密，谁都猜不准究竟是何物。这些礼物由家中长幼两人唱名分发。当拿到自己手里时，要当众打开包装，展示所得，给大家一个惊喜。这些礼物并无轻重之分而贵在一片亲情和爱心。

圣诞之夜，各个教堂都举行宗教仪式，都布置出一个角落，搭起木屋或草棚，再现耶稣降临人间时的情景。

古老的复活节

复活节，是最古老最重要的传统节日，在每年3月21日至4月25日之间，而无固定的日期。过节的习俗富于诗意，充满了蓬勃的生机和青春的活力。一提起复活节，每个人都有说不完的亲切的回忆和有趣的故事。在节日期间，除了美食之外，人们画彩蛋，开玩笑，走亲

民间舞蹈

复活节，给彩蛋洒圣水

泼水

戚，特别对泼水时发生的感情碰撞津津乐道。复活节的第二天早晨，是约定俗成的泼水的时刻。每位女士都希望有人前来泼水，特别是情窦初开的妙龄少女，更渴望得到翩翩少年的青睐。在家中，男女老少可以相互泼水，在街上和公园可以向行人泼水，向陌生人泼水。水是圣洁的，欢乐的。水向你祝福，给你带来健康和好运。泼水的方式多种多样，有的大桶大桶地泼，有的一盆一盆地泼，有的略显文雅与温和，用特制的喷雾器皿泼，内中还掺兑些许的花露水。在农村，还要举行仪式，向土地泼洒圣水，藉以祈求上帝保佑风调雨顺，五谷丰登。

留存记忆的万圣节

万圣节（11月1日），人们又称之谓亡灵节或鬼节。是祭奠先人和扫墓的日子。这一天，人们涌向墓地，擦拭墓碑，清扫落叶，摆放鲜花，点燃蜡烛，在墓前默哀祈祷，追思先人。扫墓活动从清晨开始直至深夜。在公墓中，可以看到意想不到的感动人心的事情。有些无后人祭奠的孤墓，这一天也不孤寂，好心人也在其墓前摆放鲜花和烛火。有些历史名人特别是为国捐躯的英雄人物的墓地，成为名副其实的鲜花和烛光的海洋。一阵阵花香，一片片光亮，这里的夜晚如同白昼一样。在上世纪80年代，在当权和在野两大势力激烈搏斗的时候，万圣节变成了“民意测验”的课堂。人们在华沙的公墓中立起一块巨石，上面写着卡廷两个大字，成千上万的民众默默无言地把鲜花和烛火摆放在这块巨石的周围，表达了他们支持什么和反对什么。这情景留在许多人的记忆中。

万圣节的活动（在斯摩棱斯克空难纪念碑前）

甜蜜的传统——采蜜节见闻

库尔比欧夫斯卡文化的体现

每年8月最后的一个星期天，是波兰农村传统的采蜜节。

位于玛佐夫舍省北部的梅希涅茨镇，因传承采蜜节的文化传统而扬名波兰。

梅希涅茨建镇的历史久远。镇中最古老的建筑是新哥特式的教堂，始建于1758年，至今已有250多年的历史了。小镇周围的农民，自称是库尔比人。因为他们的先人喜欢穿着一种名为库尔比的木鞋而得名。他们能歌善舞，勤于农耕，擅长养蜂，在劳动中创造了远近驰名的地区文化——库尔比欧夫斯卡文化。活生生的民间文化传统经久不衰，一年一度的采蜜节就是这种文化传统的集中展现。

进入梅希涅茨镇界，一派节日景象，令人难忘。只见身着民族盛装、头戴花冠的男女老少，有的举着花束，有的打着旗帜，成群结伴地行走在道路的两侧。还有几辆马车，上面坐着的男女青年，在欢叫声中向前奔跑。他们是刚刚在教堂做完弥撒，正在赶往露天会场。

压台好戏“采蜜舞”

露天会场正在表演民间歌舞。当

养蜂和采蜜

地小学校的歌舞团演出了“库尔比商人的婚礼”。波兰其他地区的歌舞团也前来助兴。传统的“采蜜舞”是压台好戏。演员们用音乐和舞蹈的语言，生动地再现了养蜂人的艰辛和欢乐。他们把蜂房当作道具搬上舞台，表演如何采蜜和清扫蜂房。忽然引来了一群蜜蜂，在台上翩翩飞舞。台下观众有些紧张，但这群聪明的小精灵似乎通人性，只是随着蜂房的移动和悦耳的音乐，同演员们一道在舞台上载歌载舞，而不袭击台下的观众。其中的奥妙就是道具上涂抹了蜂蜜，蜜蜂跟着蜂蜜走。

露天会场，不仅是民间歌舞的荟萃，同时也是民间手工艺品的荟萃。来自波兰各地区的能工巧匠和民间艺人在这里大显身手。他们以自己的灵巧的双手，用刺绣和编织，剪纸和木刻，陶瓷和工艺等多种艺术载体，反映出波兰农村多姿多彩的生活。他们的作品有不同的主题，不同的风格，有的粗犷，有的精致，五颜十色，千姿百态，使人目不暇接，拍手称奇。

回归自然的蜂蜜美食

品尝甜美

在零售的各种土特产中，唱主角的自然是蜂蜜。个体养蜂人自产自销。容器五花八门，有的盛在比较精美的玻璃罐里，有的灌装在各样的酒瓶中，个别处还能看到残留在蜂蜜中的蜜蜂翅膀。没有统一的包装，但货真价实。据养蜂人介绍，菩提花蜜是蜜中的上品，常常食用可以“包治百病”。民间谚语说“一天一口蜜，病痛不找你”。养蜂人热情地欢迎人们品尝和选购，城里人几乎是无一例外，谁也抵御不住这近在眼前的纯真和香甜的诱惑。

中午时刻，在临时搭建起来的大棚中午餐，品尝库尔比人的农家菜和各种蜜制糕点。走进大棚，一种回归自然的感觉油然而生。棚顶和围墙都是用松树枝条编织的，可以感到微风的吹拂，也可以看到阳光的喷洒。长条桌和长条凳都是用新鲜木板钉成的，还在散发着松木的幽香。一切的一切，没有矫揉造作，只有朴实和纯真。桌上的菜肴，其丰盛和味美，自不待言。特别是烤乳猪，人人夸奖，说它的色泽美，味道纯，胜过了五星级饭店的烧烤。而那些由蜂蜜制作的各式糕点，尝过后，口有余香，美美的，甜甜的。

采蜜节的货摊

Tips

购物

在波兰地摊购物不太能喊价杀价，仅能量大时议价去个尾数。

建议到盐矿可以买一些玫瑰盐或黑色的矿盐。

波兰是世界上主要的琥珀产地之一。天然的琥珀源自4000万年前，那时气候温暖，树脂由松杉上垂淌下，被泥土沉淀物掩埋，树脂因此得以保存。后来地壳的变迁大片的土地变成了海底，这就是世上的琥珀大多出产于波罗的海沿岸的原因。琥珀大多产于波兰、立陶宛、俄罗斯等波罗的海沿岸，这些国家的琥珀颜色金黄透明，质地晶莹，品质好，产量大。购买琥珀最好的地方是华沙和格但斯克。

波兰的消费税为23%，大多已包含在售价里。

退税最低购物金额为200PLN。扣除返税服务机构收取的手续费，可得到退税款约11%-12%，也就是相当于商品打了九折。

令人垂涎的特色美食

中国古人说“民以食为天”。波兰谚语说“带着面包上路，不是带着包袱”。这些话，无疑是放之四海而皆准的。那么在波兰什么是令游人喜欢的一日三餐呢？什么是游人在旅途中喜欢携带的“面包”呢？

风味独特的波兰美食

波兰的饮食文化是长时间形成的，有极大的包容性，融合了周边国家和民族，诸如俄罗斯、立陶宛、乌克兰、捷克、德国以及法国和意大利餐饮和烹调的要素，形成了波兰的特色。有几道菜，受用过后，印象颇深，朋友间津津乐道。

“鞑靼牛肉（tatar）”，这是用生鲜小牛肉做成的冷盘，是数百年前鞑靼人入侵波兰时遗留下来的，深深地打着马背民族“茹毛饮血”的烙印。生鲜的小牛肉斩成肉泥，盛在盘中，上面加上生鲜的鸡蛋黄，周围摆满了洋葱末，红、黄、白色彩鲜艳，佐以食油、食盐、胡椒面等调料，搅拌而食，别有滋味。这道小菜是华沙古城火龙居的推荐菜，颇受寻奇揽胜者的欢迎，有诗为证：

华沙古城多珍奇，首屈一指火龙居，
狂风吹过数百载，鞑靼肉泥入宴席。

鞑靼牛肉

茹尔汤

“茹尔汤（zur）”，这是地道的波兰菜汤。呈乳白色，又名“白汤”。以大麦粉加水发酵后的汁液为基本汤料，加上香肠、熟鸡蛋、面包块和面粉糊，以及蘑菇、蒜茸等调料，加热制作而成。食用前再撒上些许磨碎了的新鲜辣根，味略酸而香辛。可以说这是波兰独特风味的酸辣汤，不妨尝尝。

“必高思（bigos）”，就其内容而言，可以名之为酸菜炖肉大杂烩。原本是猎人菜，早在中世纪就进入寻常百姓家，又登上大雅之堂。这道菜的制作费时费力，工序复杂。所用原料主要是圆白菜酸菜和牛肉、猪肉、鸡肉、兔肉、鹿肉、野猪肉等，肉的种类搭配越多，菜的品位越高越好。此外还要加上适当数量的干蘑菇、熏李子、番茄精，以及各种香料、油、盐、糖等调料。菜切成细丝，肉切成小块，先分炒，后合成，把肉炖熟。然后冷却或冰冻，第二天再加热。加热–冷却–再加热，反复多次，直到厨师满意时。这道菜从选料到制作，真可以说是“食不厌精，脍不厌细”了。

常常被津津乐道的波兰特色莱肴还有“哥隆卡（golonka）”，这是炖肘子加配菜。这道菜肥而不腻，在波兹南地区甚为流行。

“鸽温脯基(golabki)”，波兰语的含意是鸽子，但这道菜可不是鸽子的胸脯肉，像中国菜“狮子头”，不是狮子的头。但它同“狮子头”倒有一点同曲异工。所谓同曲，就是它内容也是用各种佐料和配料调制好的肉末团子，所谓异工，就是二者的加工方法大相径庭，各有各的品位和风味。“鸽温脯基”是用圆白菜叶包裹肉团，然后再加热蒸熟的。

还有一种游人喜欢的大众莱肴，就是波兰饺子，名为“别罗基（pierogi）”。与中国的水饺不同，它里面包的馅多为乳酪，水果，蘑菇，时而也有各种肉类。可单独食用，也可放在汤里，作为一种汤菜食用。

“蹦吃基”花蕾包

寄寓美好生活的糕点

波兰的面食种类繁多，特别是蛋糕和甜点，吸人眼球，吊人胃口。有一种形状类似北京炸糕，但用料和制作不同的甜点，名叫“蹦吃基（paczki）”，波兰语的意思是花蕾，似可译称这种甜点为“花蕾包”。按宗教习俗，大斋期前最后的一个礼拜四，是食用“花蕾包”的日子。在平时，“花蕾包”也颇受青睐，特别在春光明媚的日子，谁人不喜欢含苞欲放！波兰谚语说：“不食花蕾包，生活不美好。”

还有一种甜点，是哥白尼家乡托伦的土特产，是世界了解托伦的又一张名片：“别尔尼克（piernik）”。早在12世纪的时候，托伦的女修道院就完成了“别尔尼克”的配方，烘烤出独具特色的甜干饼。自此之后，“别尔尼克”的秘方一代又一代地传承下来。原料和配料主要是面粉、蜂蜜和一种名为别尔纳的香料。别尔纳的根，味香辛，以它为配料制作的甜干饼就叫做“别尔尼克”。“别尔尼克”的形状，有方有圆有多边形和长方形，饼的正面印有精美的图案，有人物、动物、风景和历史故事，是名副其实的可食用的艺术品。“别尔尼克”的营养价值高，储存时间长，便于外出携带，是旅途中的好伙伴，也是长途旅行后馈赠亲友的好礼品。

在托伦专门建有别尔尼克小城和别尔尼克博物馆，“别尔尼克”甜干饼成为托伦历史传统的实物见证——散发着小麦芬芳的、香喷喷和甜蜜蜜的实物见证。

附录一

波兰签证

波兰个人旅游签证须知

一、申请材料

1. 护照在要签发的签证有效期内，且仍有90天的有效时间。

2. 需提供字迹工整并贴有一张照片(35x45mm，免冠并免戴深色眼镜)的签证申请表格。

3. 需提供字迹工整的签证申请表格附加页。

4. 用波兰文或英文说明申请人在波兰旅游的具体日程安排(其中包含申请人中国至欧洲至中国全程机票预订信息及在波兰境内主要城市旅游期间住宿饭店预订信息)。

5. 在无邀请方担保的情况下，被邀请人需提供在波兰境内全程旅行有效的健康保险证明，保额要求达到30000欧元以确保支付被邀请人的医疗费和被邀请人因生病从波兰返回中国的交通费用。

6. 申请人在波兰旅游期间财务状况证明即近六个月的银行存款证明(金额按在波兰旅游期间每一天不少于300兹罗提或600元人民币计算)。

7. 工作单位出具的介绍信：

*单位地址，办公室电话及传真

*有签署权负责人的签字并加盖写明姓名及职务的印章

*介绍信需陈述：聘用证明以及申请人职务，工资，同意申请人休假出国旅游的证明以及接受申请人旅游归来重返工作岗位的证明

8. 与领事面谈。

9. 下列证件及证明资料的复印件：

*申请人护照的身份页，身份证及户口；

*在波兰国境内旅行有效的健康保险；

10. 由航空公司提供的有关中国—欧洲—中国全程机票预订信息。

(注：需向领事机关提供波兰文或英文资料；如提供中文资料则需附加波兰文或英文译文)。

二、联系方式

① 波兰驻华大使馆

地址/北京市朝阳区建国门外日坛路1号 100600

电话/(010)65321235

传真/(010)65321745

电子信箱/polska@public2.bta.net.cn

网址/http://www.polandembassychina.net

网站有签证的详细信息和下载表格。

② 波兰驻上海总领事馆

地址/上海市建国西路618号 200031

电话/(021)64334735

附录二

波兰气候及主要旅行特点

波兰为大陆型温带气候，冬天寒冷，夏天凉爽，冬天愈往南部愈寒冷，北部靠波罗的海之平均温度为摄氏零下1度，东南部内陆地区为零下5度；夏天北部沿海地区平均温度为16度，内陆为19度。年平均降水量为500毫米；南部山区则高达1270毫米。

夏天平均温度约23–28度，但仅一个月(7月底至8月底)，春秋季约8–15度，冬天约零下5至零下15度左右，注意早晚温差大且较干燥，要多喝水及带护肤霜保养。

冬天到高山区滑雪

从11月到3月底，会下雪，最低温可到零下10度左右，冬天日落很快，大多下午4点左右就黑了。

南部或是西南部边境的高山区可以多花点时间去滑雪，便宜风景又好。

冬天干燥的冷而不是湿冷，习惯了就可以。除了在室内和公共交通工具内有暖气，在外面基本上可以穿件薄的长袖衣服，外面加个羽绒衣即可，不宜穿过多。

需要准备雪鞋(也叫滑雪板，雪套，snowshoes)，保证鞋子干爽，也不会摔倒。在波兰可以当地买雪鞋，价钱不太贵而且很多选择，大多有踝部的保护，缺点就是笨重。

夏天

七八月的夏天穿衣以短袖为主，外搭长袖衬衫或是薄外套，早晚偏冷，越近北方波罗的海，会感到温度越低。另备夹衣一件，以免天气突然变冷，有时会突然变天，夏季也会有15度的气温出现。

下午会出现雷阵雨，最好备伞。

夏天日照很长，早上4点多天亮至晚间9–10点才开始黄昏。光线强户外最好备太阳眼镜。波兰室内装厚窗帘的不多，如果怕太早被阳光叫醒，建议可以携带眼罩。

即使是夏季，空气仍很干燥不会闷热，爱美女士宜注意保湿。

附录三

波兰境内交通

一、火车

波兰的铁路网很密，公车行驶也很频繁，所以在这个国家使用大众交通工具是很方便又经济。除了市区公车与电联车外，连接城市的还有PKP国营火车以及PKS国营公车，以及许多私人的小巴士(Minibus)。

国营火车通常是长途旅行使用，它的速度并不一定比公车快，因为停的站多再加上有时候停留时间很久。LP书上说，不论短途长途都是巴士较快又好；但是当地波兰人则建议长途搭火车比较安全。

英文的波兰铁路网站(http://rozklad-pkp.pl/?q=en/node/143)，可以查到车次、车种、价钱、时间、距离等等。

PKP (Przewozy Regionalne)：此公司以名字来看是地区性的车，不过它的快车其实也是有走长途的。票可以在没有颜色或上面贴PKP的柜台买。

车次种类：

IC (Inter City)——最快速，车厢最新；

Ex(Express)——次快速；

TLK (Low Cost Train)——较慢，但便宜，通常是最满的；

POS (pospieszny)——就是快车，但没有比TLK快，而且没有指定座位，先抢先赢。所以不需要提早买票。

IC的座舱比较好，但车子的差别只是车头，车身是没变的，常常火车换了一个车头就变成了不同等级，这种情形在欧洲许多国家是常见的。

火车站的看板上，黄色的部分是乘车班车时刻表，一般来说都很准时，在每一栏的最右侧就是月台号码，白色部分则是到站的列车。

当场买票的价格和网上会是一样的。波兰境内火车票当天在火车站买就可以，不会比较贵(常在当天火车出发前有特价票)。

两人以上一起买火车票，也有折扣价。

二、巴士

短途可选择公车或是私巴(minibus)，私巴的价钱不一定比国营公车贵，而且一般来说速度都比国营公车快半小时(以上)，因为直达，不会到很多城镇去绕。私巴的据点通常位于市区PKS总站附近，若找不到可以询问附近的书报摊“minibus”在哪里。

PKS公车部分的买票方式，须向车站购买或是在公车上买，他们的公车站站牌分布很像我们的公车站，不同的是，每一个小月台会清楚写出每一班车的发车时间。PKS的标志是黄底上头一个很像倒过来的奔驰标志。

通常车票都需预先购买，上车也可向司机或查票员买，不过价钱通常会贵上一些。

附录四

波兰主要机场到市中心交通指南

华沙(Okecie Chopin)距离华沙市中心大约10公里。

1.公交车：175路，单程2.80兹罗提，有效时间40分钟。

2.出租车：电话叫车，机场—市中心最低25兹罗提(MTP TAXI)

3.铁路：华沙机场—华沙市中心铁路已于2012年6月通车。

克拉科夫(John Paul II International Airport)到市中心大约11公里。

1.公交车：208、292、902(夜班车)；

2.免费大巴：往返T1航站楼到火车站；

3.火车：往返于克拉科夫火车站至机场的专线火车，票价：10兹罗提左右。

波兹南（Wieniawski International Airport）到市中心大约7公里。

1.公交车：L/48/59往返于机场和市中心火车站之间，票价5.20兹罗提；

2.出租车：MTP TAXI 大约14兹罗提抵达市中心。

格但斯克（Gdansk Lech Walesa International Airport）距离市中心大约8公里。

1.公交车：210路，票价4.20兹罗提；

2.出租车：大约42兹罗提上下；推荐City Plus Taxi。

弗罗茨瓦夫（Copernicus International Airport）距离市中心大约13公里。

1.公交车：406路 往返于机场和中心火车站之间，票价：4.60兹罗提；

2.出租车：机场至市中心大约52兹罗提，Taxi Plus。

卡托维兹（Katowice Pyrzowice International Airport）距离市中心大约34公里。

1.大巴：往返于机场和市中心，单人单次票价：23兹罗提；

2.出租车：往返于机场和市中心价格在120—160兹罗提之间。

什切青（Szczecin－Goleniow Airport）距离市中心大约35公里。

1.公交车：mini Bus 到市中心3兹罗提；

2.出租车：机场至市中心大约125兹罗提上下。

罗兹（Lodz Wladyslaw Reymont Airport）距离市中心5公里。

1.公交车：65路 往返于机场与市中心火车站之间；

2.出租车：价格在20－25兹罗提之间。

热舒夫（Rzeszow－Jasionka Airport）距离市中心10公里。

1.公交车：L往返于机场与市中心火车站，票价：6兹罗提；

2.出租车：往返于机场与市中心大约60兹罗提。

比得哥什（Bydgoszcz Paderewski International Airport）距离市中心3公里。

1.公交车：80路 往返机场与市中心火车站之间，票价：2.6兹罗提；

2.出租车：20—25兹罗提之间。

华沙圣十字教堂(Ray Zhang摄)

中欧波兰从容游

Day 1 启程-华沙-肖邦故居

为了遍游波兰的最佳景致，不妨先从它的首都——华沙开始整个旅行。

上午参观华沙古城：齐格蒙特三世国王纪念柱、王宫、古城广场、华沙美人鱼雕塑、居里夫人故居、华沙起义纪念碑以及犹太人纪念碑、无名烈士墓、安放肖邦心脏的圣十字教堂和哥白尼雕像。

下午乘车前往华沙西郊的肖邦故居。肖邦出生的房间、用过的钢琴等。

Day 2 华沙-马尔堡-格但斯克

早餐后乘车前往波兰北部马尔堡城堡参观，这里曾经是十字军在波兰的驻扎地，是波兰哥特式城堡的杰出代表。马尔堡现已开辟为博物馆，其内部设有古代器具、琥珀、瓷器、手工艺品等展厅，大厅内还举办音乐会和骑士表演。

下午前往位于波罗地海南岸的港口城市格但斯克。

Day 3 格但斯克-格丁尼亚-索波特

早餐后，参观波兰海滨著名的三连城：首先参观格但斯克的古城，金门、市政厅等，格但斯克的象征——海神喷泉、古老的起重机；然后前往现代港口城市格丁尼亚、海滨城市索波特以及"二战"打响第一枪的地方维斯特尔普拉特。

Day 4 格但斯克-托伦

乘车前往哥白尼的故乡——托伦。参观托伦古城：哥特式的市政厅和哥白尼故居。故居内可以看到中世纪贵族的生活场景和日常生活用品，以及哥白尼研究天文学使用的工具、计算天体运行的手稿。

Day 5 托伦–波兹南–弗罗茨瓦夫

上午乘车前往以举办国际博览会而著名的波兹南。老城广场上有文艺复兴风格的市政厅、色彩夺目的商贩小楼、华丽的巴洛克式教区教堂。下午前往古城弗罗茨瓦夫。抵达后参观老市场广场、市政厅、土姆斯基岛和建于13世纪的大教堂。

Day 6 弗罗茨瓦夫–奥斯威辛–克拉科夫

上午乘车前往奥斯威辛集中营参观，集中营辟为遗址博物馆，保留了纳粹德国尚未彻底销毁的集中营的原始面貌。现在我们还能看到监狱和毒气“浴室”以及焚尸炉等。下午前往被誉为十二座世界最美丽城市之一的古都克拉科夫。

Day 7 克拉科夫–维利奇卡

上午参观克拉科夫古城——欧洲面积最大的中央广场，文艺复兴式的建筑纺织会馆，圣玛利亚教堂以及波兰最古老的雅盖隆大学，历代波兰国王的居所瓦维尔城堡、主教堂和王宫博物馆。下午前往维利奇卡地下盐矿参观，该博物馆被联合国教科文组织列为0级（最高级）世界文化遗产。

Day 8 克拉科夫–钦斯托霍瓦–华沙–返程

上午前往波兰朝圣地——钦斯托霍瓦。它位于华沙西南，每年有20万左右的教徒千里迢迢来这里朝圣。明山上的修道院藏有神圣的圣母玛利亚画像。返回华沙并返程。

吴蓉蓉 绘图

后记

中波两国人民间的友好大厦需要大家来添砖加瓦。

“外交官带你看世界”之《白鹰美人鱼之国——波兰》即将出版发行。我之所以能够向广大读者奉献出这本小书，是离不开朋友们的热情鼓励和支持的。

“人生贵相知”，古人的话说得真好。在写作过程中，我的老同事老同学李景贤、王佩蒂、王砚耕、易丽君、王砚、高佩玉、陈远志、程继忠……恕我不一一列名了——有的向我推荐有关的图文资料，有的耐心地回答我的问题，有的提出了很好的建议和意见，使我深深感到友情的温暖和力量。在这里，我要向他们，向所有鼓励、支持和关心我写作的朋友，表示衷心的感谢。

我还要感谢许满意、张兰芹两位年轻的朋友，他们热情地给予我许多帮助。

我要特别感谢责任编辑汪冬梅女士的细心指点和辛勤劳作，从我们之间的交流中，我感受到了她认真负责和友好合作的精神。

最后，书中不妥和欠缺之处在所难免，敬请读者批评指正。

2012年5月于北京

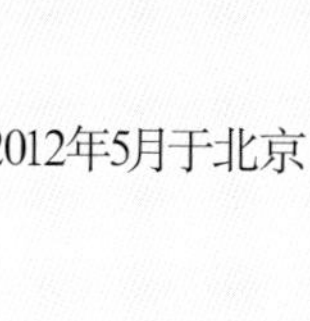

上海文艺出版(集团)有限公司

图书在版编目(CIP)数据

白鹰美人鱼之国——波兰/刘彦顺著. -上海:上海锦绣文章出版社,2012.8
(外交官带你看世界)
ISBN 978-7-5452-1069-9
Ⅰ. ①白… Ⅱ. ①刘… Ⅲ. ①波兰-概况 Ⅳ.①K951.3
中国版本图书馆CIP数据核字(2012)第033080号

出品人 何承伟
责任编辑 汪冬梅
特约审读 王瑞祥
整体设计 周艳梅
图文制作 费红莲
督　　印 张　凯

书　　名 白鹰美人鱼之国——波兰
著　　者 刘彦顺
出　　版 上海锦绣文章出版社·上海故事会文化传媒有限公司
发　　行 上海文艺出版(集团)有限公司
电话:021-60878676　021-60878682
传真:021-60878662
地址:上海打浦路443号荣科大厦1501室
电子邮箱:wyfx2088@163.com
邮编:200023
印　　刷 上海中华商务联合印刷有限公司
版　　次 2012年8月第1版 2012年8月第1次印刷
规　　格 889×1194　1/32　印张　5.75
书　　号 ISBN 978-7-5452-1069-9/K·356
定　　价 35.00元

大众文化出版基地 www.storychina.cn

上海故事会文化传媒有限公司 出品(00419) www.storychina.cn

上海故事会文化传媒有限公司所有图书可办理邮购,免收邮费(挂号除外)

汇款地址 上海市南绍兴路74号(200020)

收 款 人 上海故事会文化传媒有限公司

联系电话 021-54667910

如发现本书有质量问题,请与印刷厂质量科联系　T:021-59226097

走遍拉萨·300句

ལྷ་སའི་ཡུལ་སྐོར་ཚིག་སྡུམ་བརྒྱ།

德吉◎著

西藏人民出版社

图书在版编目(CIP)数据

走遍拉萨·300句/德吉编著. --拉萨:西藏人民出版社,2013.9(2023.8 重印)

ISBN 978-7-223-03883-6

Ⅰ.①走… Ⅱ.①德… Ⅲ.①藏语-口语 Ⅳ.①H214.94

中国版本图书馆 CIP 数据核字(2013)第 097108 号

走遍拉萨·300句

编　　著	德吉
策　　划	计美旺扎
责任编辑	吉普·次旦央宗
封面设计	格次
出版发行	西藏人民出版社(拉萨市林廓北路20号)
印　　刷	西藏新华印刷有限公司
开　　本	850×1168　1/32
印　　张	3.875
字　　数	50千
版　　次	2013年9月第1版
印　　次	2023年8月第7次印刷
印　　数	36,001-41,000
书　　号	ISBN 978-7-223-03883-6
定　　价	15.00元